변화를 주도하는 리더
변화에 휩쓸리는 리더

리더십 Inside Out 법칙

변화를 주도하는 리더
변화에 휩쓸리는 리더

초판 1쇄 인쇄 ｜ 2018년 7월 20일
초판 1쇄 발행 ｜ 2018년 8월 1일

지은이 ｜ 김진혁
펴낸곳 ｜ 메이드인
등　록 ｜ 2018년 3월 5일 제25100-2018-000014호
주　소 ｜ 서울특별시 은평구 연서로10길 15-6 302
전　화 ｜ 070-7633-3727
팩　스 ｜ 0504-242-3727
이메일 ｜ madein97911@naver.com
ISBN ｜ 979-11-963407-1-1 03320

* 책값은 뒤표지에 있습니다.
* 잘못 만들어진 책은 구입하신 서점에서 교환해 드립니다.
* 이 책은 저작권법에 의하여 보호를 받는 저작물이므로
　내용의 일부를 재사용하려면 반드시 저작자와 출판사의 동의를 받아야 합니다.

리더십 Inside Out 법칙

변화를 주도하는 리더
변화에 휩쓸리는 리더

김진혁 지음

Made in

CONTENTS

머리말_ 왜 리더십을 배워야 하는가?

제 1 부. 리더십 Inside Out 법칙

1장. 리더십은 영향력이다
리더십이란 무엇인가 ⋯ 17

리더와 관리자의 차이 ⋯ 26

2장. 4개 차원의 리더십
4차원 리더십 ⋯ 37

리더십 Inside Out 법칙 ⋯ 54

3장. 리더의 자질

리더가 지녀야 할 역량 … 59

리더의 성품 … 61

용기와 자신감 … 65

감성지능 … 68

소프트 스킬 … 69

리더의 열정 … 73

4장. 리더십 트리와 조직상황별 리더십

리더십 트리 … 78

사람을 움직이는 두 개의 축 … 79

조직상황별 리더십 … 89

최근 리더십 흐름의 조명 … 96

CONTENTS

제 2 부. 변화에 적응하는 방법

5장. 조직환경 변화와 성공적 진화
환경변화와 트렌드 … 105
기업 몰락의 5단계 … 115

6장. 리더와 변화적응 리더십
진정한 리더십이 필요한 사회 … 129
변화적응 리더십 … 141

제 3 부. 답은 변화적응 리더십이다

7장. 조직 진단이 먼저다
시스템을 진단 후 처방하라 … 155
진단 후 주의사항 … 163
변화역량을 갖춘 조직문화 … 167

8장. 변화적응적 도전의 진단
변화적응적 도전의 진단 … 176
변화를 이끄는 실행 디자인 … 188

9장. 조직의 역학관계 진단
　　역학관계 파악 … 196
　　역학적 관계 파악 후 행동법 … 201
　　갈등조율법 … 206

10장. 리더의 행동 디자인
　　자신의 행동을 디자인하라 … 214
　　자신의 충성심을 확인하라 … 220
　　자신의 방아쇠를 확인하라 … 222
　　자신의 역할과 권한범위를 이해하라 … 230
　　목적을 분명히 하라 … 234

11장. 자신을 단련하라
　　리더의 행동에는 목적이 있어야 한다 … 236
　　용감하게 추진하라 … 247

12장. 감정을 관리하라
　　감성과 감정의 이해 … 253
　　감성지능 높이기 … 260
　　감정을 관리하는 Assertive 대화법 … 265

참고문헌

머리말_

왜 리더십을 배워야 하는가?

리더십은 조직의 목표를 달성하기 위해 영향력을 행사하는 것이다. 대학생도 리더십을 배우고 고등학생, 심지어 초등학생까지도 리더십을 배운다. 대학생이나 초등학생에게 조직이 의미하는 바는 무엇일까? 같은 학급? 아니면 학생들 전체? 초등학생이 영향력을 행사한다는 것은 무엇일까? 반장이나 학생회장이 되면 함부로 친구를 처벌해도 될까? 그렇다면 교사가 있어야 할 이유가 없다.

이러한 혼돈이 오는 이유는 리더십의 본질을 깨닫지 못해서다. 리더십의 본질을 아는 사람은 다음의 여섯 가지 사항을 명확하게 인지하고 행동한다.

첫째, 리더십의 4가지 차원을 알고 각각의 영향력의 결과를 설명할 줄 안다.

둘째, 조직과 타인을 움직이는 리더십의 두 개의 축은 변혁적 리더십과 거래적 리더십이다.

셋째, 리더는 이전보다 나은 성과를 달성하기 위해 노력하는 것이 중요하지만 과정의 리더십도 그 이상으로 중요하다.

넷째, 조직의 상황과 구성원들의 성숙도에 따라 다른 조직상황별 리더십 적용이 필요하다.

다섯째, 최고의 성과를 내는 리더는 조직관리, 성과관리, 사람관리 등 균형을 갖춘 사람이다.

여섯째, 변화에 잘 적응하는 리더는 환경의 변화를 잘 파악하고, 환경변화에 능숙하게 움직일 수 있는 조직 시스템을 갖추어야 하며, 리더 자신이 조직 내부의 정치적 환경에 흔들림 없이 움직일 수 있도록 스스로 진단하고 분석해 행동하는 사람이다.

하지만 리더십의 본질을 파악하지 못한 채 강의를 하는 강사나 영향력을 행사하려는 관리자들을 많이 보아왔다. 그들은 리더십을 단편적으로 이해하며, 그들의 관심은 단지 최근 이슈가 되는 리더십이 무엇인지만 알고자 한다. 단순히 현상만을 보고 설명할 수 있을 뿐, 리더십의 근간을 잘 모른다.

모든 일에는 기본이 있다. 리더십을 배우려면 리더십의 본질부터 파악하고 학습하는 것이 먼저다. 이 책은 그런 사람들에게 매우 유용할 것이다.

　리더십도 유행을 탄다. IMF 이전 교육현장에서는 대부분 변화관리 리더십이 유행했다. 공사기업 현장에서는 MTP(Manager Training Program)와 BMTP(Basic Manager Training Program)라는 과정이 있었지만, 결국 다루는 내용도 변화와 혁신이 주를 이루었다. 리더에게 변화와 혁신을 강조하고 조직을 움직이려 했지만 조직은 변하지 않았고, 결국 IMF라는 쓰라린 고통을 겪어야 했다.
　그 후 변화와 혁신은 생각지도 않았던 곳에서 나타났다. 바로 2002년 월드컵이다. 2002년 한국팀의 리더로 등장한 히딩크는 변화와 혁신의 아이콘으로 떠오르는 카리스마적인 강한 이미지와는 다르게 순수한 코치로서 부하를 이끌어 대한민국을 역사상 최초로 월드컵 4강에 올려놓는 신화를 만들었다.
　이 신화의 여파는 기업교육에 영향을 주었고 곧바로 코칭리더십을 유행하게 만들었다. 국내에 코칭 펌들이 생겨나기 시작했으며 코칭을 직업적으로 하는 사람들도 늘어났다.

　한동안 코칭리더십이 유행하다가 어느 대통령 후보의 연설을 계기로 서번트 리더십이 고개를 들었다. 그 후보의 당선은 섬김의 리더십을 유행하게 만들었으며, 서번트 리더십은 더욱 인기 있는 리더십으로 자리 잡았다. 그러나 서번트 리더십은 모든 기업의 문제를 해결해주는 만능열쇠는 아니다.

어느 날, 나는 서번트 리더십을 주제로 모 기업의 강의요청을 받았다. 강의를 요청한 회사 이름을 듣고 그 기업은 전형적인 제조업체라는 것을 알았다. 나의 박사학위 논문주제가 서번트 리더십이었기 때문에 서번트 리더십은 순수 제조업에서는 리더십의 효과성이 거의 없다는 것을 알고 있었다. 서번트 리더십은 별로 도움이 되지 않을 것이라고 교육담당자에게 설명을 하고 정중히 거절했다. 하지만 대표이사의 명령이기 때문에 유효성은 따지지 않겠으니 무조건 강의만 해달라는 것이었다.

강의를 마친 얼마 후 나는 교육담당자에게 전화를 걸어 강의의 반응을 확인했다. 수강생들은 "강의는 알차고 좋았으나 우리 회사에는 안 맞는 것 같다"는 평가를 전해 들었다.

연구 결과처럼 서번트 리더십은 공공기관이나 서비스 기업에서는 엄청난 반응을 얻는 주제지만, 순수 제조업체에서는 효과성이 떨어진다. 즉 리더십은 조직의 상황에 따라 다르게 적용해야 한다는 점을 그 교육담당자는 간과한 것이다.

최근에도 변화관리 리더십에 대한 요구는 여전하다. 그만큼 급변하는 환경변화에 적응하고자하는 욕구가 강하다는 것을 의미한다. 변화에 적응을 잘하는 리더십은 무엇일까?

피들러의 연구와 허시와 블랜차드의 연구처럼 상황은 매우 중요한 변수다. 상황도 외부상황과 내부 상황으로 나뉜다. 과거의 리더십은 외부적 상황만을 논했다고 해도 과언이 아니다. 외부 상황만 명확하게 정의하면 내부적으로는 조직을 관리할 수 있을 것이라고 판단했다. 내부조직을 관리하는 일은 변화환경을 잘 받아들이고 적응할 수 있는 시스템을 갖추는 일이다. 그리고 리더 자신도 그 시스템 안에서 원칙과 기준에 따라 움직이고 판단할 것이라고 전제한 것이다. 하지만 내부 시스템을 점검하는 일은 단순한 것이 아니며, 내부 시스템이 제대로 작동한다고 해도 리더의 판단과 오류는 언제든지 발생한다.

이 책의 특징은 이러한 리더가 조직 시스템을 분석하고 진단하는 리더의 인식능력이나 행동을 하나의 시스템을 인식하고, 리더에게 오류를 작동시키는 요인들을 찾아 제거하는 것에 중점을 둔 변화적응 리더십을 강조했다는 점이다.

이 책에서 말하는 변화적응 리더십은 앞으로 매우 중요한 이슈로 떠오를 것이다. 왜냐하면 사람들이 모여 집단을 이루는 곳에는 정치적 상황이 존재하기 때문이다. 기업 조직은 더욱 그러하다. 한정된 자원 중에 더 많은 배분을 받으려 하고, 투자의 결과가 누구에게 이득을 안겨주는지 극명하게 드러나기 때문이다. 어쨌든 리더는 "무엇을, 어떠한 목적으로, 어떻게" 라는 문제를 안고 의사결정을 해야 하는 자리다. 그리고 리더에게 가장 중요한 것은 조직을 성공적으로 변화시키는 일이다.

훌륭한 변화적응 리더가 되기 위해서는 무조건 자신에게 힘을 실어주는 사람만 필요한 것이 아니라 조직의 목적을 위해 반대자도 필요하다는 것을 명심해야 한다. 그들과의 협상하고 통합하는 과정에서 반대자의 가치를 존중하고 반대 의견을 낼 수 있는 환경을 만드는 일도 조직의 정치적 관계를 고려하는 일이다. 조직학습적 관점에서 리더는 자신과 궁합이 맞는 사람과 어울리면서 학습하는 것이 아니라, 자신과 반대의 성향을 가진 사람들과 갈등을 겪는 과정에서 배우고 학습한다는 점을 리더는 명심해야 한다.

Adaptive Leadership

제 1 부

리더십
Inside Out 법칙

1장
리더십은 영향력이다

리더십이란 무엇인가?

좋은 리더가 되려는 목표를 가졌다면, 우선 리더가 반드시 갖춰야 할 리더십에 대해 알아야 한다. 리더십에 대해 정의하고, 지금 우리에게 필요한 리더십의 특성을 정리해 보면 도움이 될 것이다. 먼저 과거 연구를 토대로 리더십 개념을 이해하고, 리더십을 여러 가지로 정의하는 방법에 대해 알아보자.

리더십이란 무엇인가? 1900년대 초 리더십의 특성 연구가 시작된 이후로 리더십에 대한 연구는 현재까지도 끊임없이 이어지고 있다. 리더십에 대한 개념과 정의는 연구자마다 다르며, 리더십의 종류만 해도 수십 가지가 넘는다. 하지만 1950년대 이후 지금까지 리더십에 대한 특징을 정리해 보면 그 핵심을 알 수 있다.

리더십은 문제해결이다

기존 여러 학자들과 전문가들이 정의한 리더십을 통합해 한마디로 말하자면, 리더는 문제해결자라고 할 수 있다.

환경은 변하기 마련이다. 변화에 적응하는 자는 살아남고, 그렇지 못한 자는 도태된다. 조직도 마찬가지다. 오랫동안 살아남았던 조직에는 살아남기 위한 적응력을 보여준 리더가 있었다. 그 리더는 변화하는 환경에 조직을 적응시키고자 노력했으며, 문제를 해결해 살아남을 수 있었다.

문제는 현재 수준과 이르고자 하는 미래 이상향의 차이에서 발생한다. 문제가 있음을 인식하는 것은 그 차이를 아는 것이고, 문제해결은 그 차이를 극복하는 과정이다.

문제에는 세 가지 종류가 있다.

첫 번째는 과거로부터 발생된 문제가 현재의 문제로 인식되는 경우다. 이를 발생형 문제라고 한다. 발생형 문제는 당연히 그러해야 할 사항이 그렇지 못한 상태에 있다는 것이다.

예를 들면 회사의 제품은 가급적 결점이 없어야 한다. 공장에서 만든 사이다에 김이 빠져 있다고 생각해 보자. 김빠진 사이다는 사이다로서 가치를 잃어버렸기 때문에 음료로서 가치가 없다. 따라서 이 문제는 당연히 해결해야 할 과제가 된다.

문제해결자인 리더는 어떤 기계적 오류가 발생되었다고 추측해 볼 수 있다. 이 문제를 해결하기 위해서는 캔이나 음료수의 마개를 정확하게 닫아주는 공정을 살펴봐야 한다. 즉 현재의 문제가 발생하게 된 원인을 찾아 그 원인을 해결하는 것이다.

두 번째 문제는 미래의 목표 설정 정도에 따라서 생기는 문제다. 이는 설정형 문제라고 하는데, 설정형 문제는 정확한 목표 수치에 따라 해결 가능성이 달라지는 특징이 있다. 만약 우리 회사의 매출이 현재 100억 원이라고 가정할 경우 내년도의 목표를 110억 원으로 할 수도 있고, 120억 원으로 잡을 수도 있다. 설정형 문제는 목표를 얼마로 잡느냐에 따라 해결의 가능성이 달라진다. 일반적으로 목표는 과거보다 높게 잡는 것이 관례다.

설정형 문제는 첫 번째로 소개한 발생형 문제처럼 과거에 문제가 생긴 부분에 대한 원인을 찾아 해결하는 문제가 아니다. 따라서 조직 환경에 대한 충분한 이해가 필요하며 향후 발생할 문제에 대해 대비책도 필요하다. 즉 어떤 문제가 발생할 수 있는지 예측하고 그 문제에 대한 대비책도 만들어 놓아야 한다.

설정형 문제를 해결하기 위해서는, 우선 정확한 목표의 설정이 중요하며 그 문제 해결을 위해 창의적인 아이디어가 필요하다. 또한 어떻게 변할지 모르는 주변 환경에 대한 이해와 대비책이 필수적이다.

마지막으로 발생형 문제과 설정형 문제가 혼합된 형태의 문제로, 탐색개선형 문제가 있다. 탐색개선형 문제는 정확한 원인의 분석과 미래의 예측 및 상상력과 아이디어 도출이 문제해결의 중요한 요인이 된다.

예를 들어 신입사원의 중도퇴사율이 높다는 문제가 있다고 하자. 신입사원은 2.81년이 되어야 조직성과에 기여하기 시작한다는 통계가 있다. 그런데 우리 기업의 평균 퇴사율이 4.5년이라고 할 경우, 인력에 대한 투자대비 효율이 너무 낮은 것은 문제가 된다.

이 문제를 해결하기 위해서는 먼저 정확한 원인 분석이 필요하다. 중도퇴사율이 왜 높은지 사원 면담을 통해 분석하고 그 원인을 제거해야 문제가 해결된다. 그리고 목표설정과 그것을 달성하기 위한 아이디어가 중요하다. 4.5년이 되는 현재의 평균 재직기간을 갑자기 10년으로 과도하게 잡으면 목표달성 가능성이 희박해질 것이다. 하지만 6년으로 잡으면 달성 가능성은 높아진다. 목표 달성을 위한 다양한 아이디어를 수집하는 것도 무척 중요하다.

발생형 문제를 책임지는 사람은 생산공정에 관여하는 제조책임 리더가 많고, 설정형의 사례는 경영자나 임원처럼 중요한 전략을 담당하는 상위 부서장이 대부분일 것이다. 그리고 탐색개선형의 문제로 인사담당자를 비롯한 거의 모든 리더의 문제가 된다.

따라서 거의 모든 리더는 각자의 위치에서 문제를 갖게 마련이다. 그 문제를 해결하는 것이 리더의 몫이다. 리더의 성과는 문제해결의 결과이며 긍정적인 성과를 도출한 리더는 조직에서 반드시 필요한 사람으로 자리매김할 것이다.

리더십은 영향력이다

전 세계 최고의 리더십 전문가이자 베스트셀러 작가인 존 맥스웰 박사는 "리더십은 영향력이며 그 이상도 이하도 아니다"라고 말했다. 리더십은 누군가에게 자신이 가진 영향력을 행사하는 것이며 그 영향력의 결과로 긍정적 변화를 이끄는 것이다.

성과가 없으면 리더십도 없다

리더십이라는 이름을 달고 나온 책들은 무수히 많다. 학문적으로 명명이 된 고유한 리더십은 잠시 제쳐두고 사람의 이름을 달고 있는 리더십을 살펴보자. 국내에서는 박정희 리더십, 정주영 리더십, 이병철 리더십 등이 있고, 해외에는 간디 리더십, 링컨 리더십, 카네기 리더십 등이 있다. 특정 인물의 이름을 달고 태어난 리더십은 그 사람의 독특한 영향력이 존재하고 있음을 알 수 있다.

그런데 그 영향력이라는 것은 반드시 성과로 이어져야 한다. 성과가 없다는 것은 영향력이 없다는 것으로 설명된다. 열심히 노력은 했지만 그 노력의 결과가 좋지 못하다면 영향력은 없었던 것이다. 따라서 결과가 없는 노력은 영향력이 없는 것이며 그런 결과를 도출해 낸 사람을 리더라고 칭하지 않는다.

우리나라의 예를 들면 임진왜란 직전 통신사로 왜나라에 다녀온

김성일은 당시 왜가 대륙진출을 위해 오랫동안 전쟁을 준비하고 있음을 알고서도 조정에는 반대로 고한 바람에, 결국 조선은 전쟁에 대한 별다른 대비를 하지 않았다. 반면 유성룡의 권고로 삼도수군통제사에 임명된 이순신은 이러한 열악한 상황에서도 최선을 다해 전쟁에 대비했다. 그리고 7년간의 기나긴 전투에서 전승을 거두는 눈부신 성과를 기록하게 된다. 이순신의 23전 23승이라는 성과는 전세계 해군장교들의 교과서에 등장할 정도로 유명한 이야기다.

기업 경영자 중에서도 이름을 달고 불리는 리더들이 있다. 대표적인 경영자가 바로 정주영 회장이다. 정주영 회장은 강원도 통천에서 태어나 네 번의 가출 끝에 쌀집배달원으로 취직을 했다. 그리고 가게를 물려받았으나 도산과 폐업을 여러 번 했고, 끝내 현재의 현대그룹을 만든 장본인이 되었다. 그가 남긴 기업발전의 족적은 대한민국 국가발전과 국민생활의 편의에 매우 긍정적인 영향을 주었다. 우리는 이러한 영향력을 끼친 사람들을 리더라고 칭한다. 그 영향력이 곧 성과로 이어졌기 때문이다.

하지만 1997년 말 대한민국은 IMF라는 외환위기를 겪으면서 많은 기업들이 패망의 길에 들어섰다. 문어발식 경영으로 확장해 온 기업들이 무더기로 도산하며 '대마불사'라는 공식이 깨졌다. 내실에 공을 들이지 않던 많은 경영자들의 이름은 잊혀졌다. 그 전까지만 하더라도 그 경영자들은 신문지상에 오르내리며 훌륭한 기업인이자 리더로서 칭송받던 인물이었다. 하지만 더 이상 그들에게 리더라는 말을 사용하지 않는다.

아무리 훌륭한 성과를 냈던 사람도 물러나는 순간에 기업이 도산하거나 성과가 무너지면 훌륭한 리더라고 부르지 않는다. 따라서 리더라는 이름으로 불리기 위해서는 물러나는 마지막이 중요하다.

과정의 리더십은 성과가 없어도 리더십이다

앞에서 리더십은 영향력이며 성과가 있어야 한다고 말했다. 그런데 어떤 경우는 눈에 보이는 성과가 없어도, 리더십을 발휘한 것으로 인정받는 경우가 있다. 다시 말해, 조직을 이끌어가는 과정 그 자체를 리더십으로 인정받는 것이다.

설립한 지 얼마 안 된 조직의 목표는 오직 생존이다. 그들은 생존을 위해 강한 드라이브를 건다. 성장 드라이브를 건다는 것은, 종업원의 급여를 높인다거나 복리후생에는 신경을 덜 쓴다는 것을 의미한다. 약간의 이익이 남더라도 그 자금을 생존에 필요한 영업비용이나 좋은 자재를 구매하는 데 재투자해 사용한다. 생존 자체에 최고의 노력을 기울인 결과 기업은 어느 정도 자립성을 확보하게 된다.

이제는 어느 정도의 안정성과 자립성을 갖추며 자신들의 피땀 흘려 이룬 안정과 성과에 기뻐하면서 급여 인상이나 인센티브를 기대한다. 하지만 경영자는 어느 정도의 여유자금이 있어도 분배에 신경쓰려 하지 않는다. 아직 안심하기엔 이르다는 생각 때문이다. 그리고 그는 더욱 도전적인 목표를 설정하고 사업을 확장하려 한다. 그런데 자신들이 기대했던 기대수익을 얻지 못한 종업원들은 급기야

회사를 떠나게 된다.

그들과 함께 성장을 기대했던 경영자는 높은 급여를 주는 기업으로 떠나는 종업원들에게 배신감을 느낀다. 어떤 종업원들과는 법적인 분쟁도 서슴지 않으며, 새로운 직원을 뽑아 조직 재구축에 들어간다. 하지만 숙달이 덜 된 새로운 직원들과는 새롭게 설정된 목표를 이루기는 쉽지 않다. 그리고 이런 현상이 여러 번 반복된다. 이러한 시행착오는 차츰 경영자에게 변화를 이끈다.

생존에 위협을 받을 정도가 아니라면, 여유자금을 종업원들을 위한 급여로 돌리게 된다. 그 방법이 좋은 직원을 오랫동안 근무할 수 있게 만드는 요소라는 것을 알게 될 것이다. 이후 경영자는 급여, 인센티브, 복리후생은 늘리고, 야근은 줄이면서 일과 삶의 균형을 이루어주는 쪽으로 경영의 방향을 바꾸게 된다. 이익과 성장만을 위해 드라이브를 거는 경영방식은 잦은 종업원의 이탈과 파업을 부르게 되고, 회사를 위험에 빠뜨리기도 한다는 것을 안 것이다. 노련한 경영자는 성과만이 최고가 아니라 이익을 적게 내고 성장이 둔화될지언정 조직이 오래토록 지속가능한 환경을 만드는 것이 중요하다는 것을 깨닫게 된다.

리더는 성과를 내야 하는 사람이다. 하지만 위의 사례는 무조건 성과만이 리더의 영향력이 아니라 경영자와 종업원의 급여 간격을 줄이면서 상대적 박탈감을 느끼지 않게 하는 것도 지속가능 경영을 위한 중요한 요소라는 것을 깨닫게 해준다.

필자는 이것을 '과정의 리더십'이라고 부른다. 과정의 리더십에서 조심해야 할 점은 이것이 언제 어디서나 통용되는 리더십이 아니라는 점이다. 과정의 리더십은 초기의 조직보다는 어느 정도 성장을 이룬 이후에 나타난다. 리더는 영향력을 발휘하는 사람이며 영향력의 결과로 성과를 이룬다. 하지만 성과가 없더라도 지속가능하도록 만드는 과정의 리더십도 중요하다.

성과를 내도 사회적 가치에 부합해야 한다

리더의 영향력을 행사하는 방식은 리더의 행동이 사회적 가치에 부합해야 한다는 것이다. 이는 리더의 행동이 사회적 기준과 관점으로 보았을 때 부적절하면 곤란하다는 이야기다.

독일은 의약품 기술에 있어서 세계적으로 유명한데, 독일이 이러한 기술력을 확보하게 된 계기에는 감추고 싶은 흑역사가 있다. 그들은 제2차 세계대전 당시 그들은 수많은 유대인들을 잡아 가두고 생체실험을 감행했다. 그들은 인간을 의약품 개발의 실험도구로 사용했고, 그 결과 의약품 개발에 대한 성과는 대단했으며 독일의 성장에도 도움을 주었다. 이를 이끈 인물이 바로 히틀러다.

하지만 인간을 대상으로 실험하면서 독일의 성장에 기여한 히틀러를 리더라고 말하지 않는다. 분명히 그는 독일의 성장에 긍정적 영향을 주었고, 성과도 얻었음에도 불구하고 그의 방법이 세계 어느 나라의 사회적 가치에도 부합하지 못한 점 때문에 히틀러를 리더고 칭하지 않는다. 리더는 성과를 냈다고 할지라고 그의 행동이 올바른 가치와 행동이라는 선행조건이 있어야 한다는 점을 주목해야 한다.

리더와 관리자의 차이

리더와 관리자는 무엇이 같고 무엇이 다른가

일찍이 워런 베니스는 리더를 설명하기 위해 관리자와 리더의 차이로 설명했다. 그가 제시한 차이점은 다음과 같이 말하고 있다.

> ① 관리자는 관리를 하지만, 리더는 혁신을 한다.
> ② 관리자는 모방하지만, 리더는 창조한다.
> ③ 관리자는 유지하지만, 리더는 개발한다.
> ④ 관리자는 시스템과 구조에 초점을 두지만, 리더는 사람들에게 초점을 둔다.
> ⑤ 관리자는 통제에 의존하지만, 리더는 신뢰를 고취시킨다.
> ⑥ 관리자는 짧은 시각을 가지지만, 리더는 긴 전망을 갖는다.
> ⑦ 관리자는 '언제', '어떻게'를 묻지만, 리더는 '무엇', '왜'를 묻는다.
> ⑧ 관리자는 수직적이지만, 리더는 수평적이다.
> ⑨ 관리자는 현상을 유지하려 하지만, 리더는 그것에 도전한다.
> ⑩ 관리자는 전형적인 병사지만, 리더는 몸소 일하는 사람이다.
> ⑪ 관리자는 과업을 적절하게 처리하지만, 리더는 적절한 과업을 한다.

워런 베니스가 구분한 리더와 관리자의 차이점은 리더가 어떤 일에 집중해야 하는지를 잘 말해주고 있다. 그리고 다분히 이상적이면서도 현재를 직시하고, 미래를 설계하는 데 있어 해야 할 점을 명확하게 밝혀준다.

하지만 한편으로 과연 관리자의 행동이라고 제시한 부분은 리더에게 필요가 없는 것일까. 관리자의 행동은 리더가 하면 곤란한 것인지 궁금증을 유발시킨다. 하나씩 살펴보기로 하자.

① 관리자는 관리를 하지만, 리더는 혁신을 한다.

리더가 관리를 하는 것은 문제가 있다는 것인가? 관리를 하는 것이 나쁜 것인가? 그리고 리더는 언제나 혁신만을 고집해야 하는가? 조직은 혁신을 이루기 위해 많은 시간을 할애해야 한다. 혁신을 위한 방향도 제시해야 하지만, 그 방향에 조직 구성원들이 일치할 수 있도록 관리하는 것은 매우 중요한 일이다. 혁신만 하다가 끝나는 리더를 과연 리더라고 말할 수 있는가?

② 관리자는 모방하지만, 리더는 창조한다.

워런 베니스는 이런 말도 했다. "모든 리더는 처음부터 리더로 태어나지 않는다." 그래서 리더십은 스킬이라고 하며, 스킬은 학습을 통해 습득 가능하다. 학습이론에서 말하는 첫 번째 학습은 모방이다. 리더십도 학습이 필요하다. 학습을 하려면 좋은 모델을 찾아 모방하는 것도 리더의 중요한 일부다. 훌륭한 리더가 가져야 할 핵심적인 역할 중에 모범적인 행동으로 모델이 되어주라고 워런 베니스 자신도 강조했다. 모델이 되어주는 것은 차기 팔로워들에게 모방할 수 있는 행동의 기준을 보여주는 것이다.

③ 관리자는 유지하지만, 리더는 개발한다.

관리자는 과거의 시스템이나 방식을 유지하고 리더는 새롭게 개발을 한다는 말을 의미한다. 전통이 있는 기업일수록 설립자의 취지나 경영이념 등은 그 기업의 역사와 연관이 있고, 그런 조직문화를 유지하려는 의식도 자랑스럽게 여긴다. 유지해야 하는 좋은 전통과 새롭게 받아들여야 할 점을 분명히 하는 것은 리더의 전략적 판단력이다.

④ 관리자는 시스템과 구조에 초점을 두지만, 리더는 사람들에게 초점을 둔다.

감성 리더십의 핵심은 인간을 하나의 기계로 보지 말고 사람 자체로 보는 것이다. 인간을 기계 안의 나사와 나사못으로 보는 순간, 그들이 가진 역량은 보이지 않고 그냥 소모품에 불과한 것으로 치부하게 된다. 인간은 무한한 가능성을 가지고 있다. 그런 측면에서 워런 베니스도 리더라면 사람 자체에 초점을 맞추라고 말하고 있다.

충분히 인정할 수 있는 말이지만 조직은 시스템이 일을 한다는 점을 부인할 수 없다. 그 조직이 커지거나 상위 레벨로 올라갈수록 더욱 그러하다. 어느 조직이든지 비전을 설정하고 나면 그 비전에 맞춰 조직을 정비한다. 조직을 정비한다는 것은 시스템을 정비하는 것이다. 인본주의적 입장에서 사람에게 관심을 가지고 리더십을 발휘하는 것은 중요하지만, 결국 그 사람도 시스템에 따라서 움직인다. 조직은 시스템에 반하는 자를 처벌하기도 한다. 그것이 조직을 지속적으로 유지시키는 방식이다.

⑤ 관리자는 통제에 의존하지만, 리더는 신뢰를 고취시킨다.

조직을 관리하다 보면 성숙한 사람만 존재하는 것은 아니다. 어떤 사람은 역량이 크지만 의욕이 적은 사람이 있고, 어떤 사람은 의욕은 많지만 역량이 부족한 사람도 있다. 관리자나 시스템의 문제 때문일지라도 역량도 의욕도 없는 사람도 조직 내에는 존재한다. 리더는 중요하면서 긴급한 일을 처리하려 할 때, 그 담당자가 역량도 의욕도 떨어지는 사람이라면 리더의 개입이 절실해진다. 그러한 상황에서 리더의 개입은 절대적으로 필요한 일이다. 상황에 따른 리더의 개입은 리더의 역할이며 책임이다.

⑥ 관리자는 짧은 시각을 가지지만, 리더는 긴 전망을 갖는다.

좋은 리더는 당연히 긴 전망을 가지고 운영을 해야 한다. 짧은 시야로 눈앞만 보며 조직을 운영하라는 말에 동의할 사람은 없다.

큰 조직을 운영하는 CEO 중에는 외부에서 전문경영인을 스카우트 해오는 경우가 많다. 세계적으로 손꼽히는 경영 컨설턴트 짐 콜린스의 명저 《위대한 기업은 다 어디로 갔을까?》라는 책에서 보여주듯, 외부에서 초빙해 오는 경영자는 조직이 거의 무너진 상태에서 스카우트를 해온다. 새로운 경영자에게 바라는 주문은 빠른 시간 내에 조직을 회복시켜 달라는 것이다.

전문경영인으로 발탁이 될 정도의 사람은 당연히 긴 안목을 가지고 조직을 운영해야 한다는 점은 누구보다 잘 안다. 하지만 그가 장기적인 안목을 가지고 행동하지 못하는 이유는 단기간 내에 목표를 달성하라고 주문하는 주주들 때문이다. 단기간 내에 경영 효율화를 달성하지 못하면 그는 무능한 리더로 전락하게 된다. 결국 전문경영인은 단기간의 성과를 위해 인원감축이라는 미봉책을 쓰게 되고 훌륭한 인재들을 내쫓는다. 그리고 구조조정을 한 기업은 다시 정상화가 되고 그 경영자는 훌륭한 경영자로 자리매김한다.

긍정적 성과를 내던 리더가 장기적 전망이 아니라 짧은 기간 내에 무언가를 해내려고 노력하는 모습을 보면 그 안에 숨겨진 무엇이 있다는 것을 알아야 한다. 그들을 무작정 짧은 시각을 가지고 있다고 판단하거나 단순한 관리자에 불과하다고 단언하는 것은 곤란하다.

⑦ 관리자는 '언제', '어떻게'를 묻지만, 리더는 '무엇', '왜'를 묻는다.

리더가 왜라는 말을 묻는다는 것은 단순히 열심히 하는 것보다 그 이유와 명분 그리고 필요성에 의해서 움직여야 함을 말한다. 하지만 조직은 '어떻게'와 '언제'를 무시할 만큼 단순한 조직이 아니다. 조직 내부적인 일처리는 물론 외부와의 거래며 마감을 지키는 것도 매우 중요하다.

⑧ 관리자는 수직적이지만, 리더는 수평적이다.

최근 팀제를 채택하는 조직이 대다수를 차지한다. 팀제는 고학력

조직 구성원과 그들이 가진 창의성 및 다양성을 수용하는 것이 효과면에서 유효하다는 연구결과를 채택한 결과다. 최근 전체적인 리더십(Collective leadership)이나 분산 리더십(Distributed leadership)은 물론, 공유 리더십(Shared leadership)에서도 그 필요성은 강조되고 있다.

그럼에도 불구하고 100% 수평적인 조직으로 갈 수 없는 이유는 조직의 특성 때문이다. 전형적인 관료조직이나, 군대 그리고 개인의 전문성이 강조되는 업종이나 조직에서는 수직적인 구조를 채택하는 것이 더욱 유용하다.

서로 존중하면서 업무를 처리함에는 수직적인 조직의 특성을 따르는 것이 나쁜 것만은 아니다.

⑨ 관리자는 현상을 유지하려 하지만, 리더는 그것에 도전한다.

조직의 핵심가치 중에 도전, 창의, 변화는 많은 기업들이 내걸고 있는 말이다. 많은 지도자들이 도전을 하지 않는 이유는 도전으로 얻게 되는 희망보다는 도전으로 인해 겪게 될 불안한 미래 때문이다. 더 많은 이익을 창출하는 긍정적 변화를 싫어하는 사람은 없다. 다만 명확한 확인절차도 없이 불확실한 미래에 막대한 자원을 투자하는 것이 두렵기 때문에 주저하는 것이다. 관리자와 리더가 새로운 일이나 사업에 도전하기를 원한다면, 사전에 안전장치를 둘 수 있는 환경을 만드는 것이 우선이다.

⑩ 관리자는 전형적인 병사지만, 리더는 몸소 일하는 사람이다.

관리자는 자신의 업무를 인정받고 그 자리까지 올라온 사람이다. 그를 무시할 수 있는 근거는 없다. 단순한 병사를 관리자로 임명했다면, 그것 또한 상위관리자의 문제다. 스스로 일하는 사람인가 아닌가는 개인의 자율성의 문제이지 관리자와 리더를 구분하는 방법으로는 무리한 면이 있다.

⑪ 관리자는 과업을 적절하게 처리하지만, 리더는 적절한 과업을 한다.

관리자가 과업을 적절하게 처리한다는 말은 효율성에 관한 문제다. 리더가 올바른 일을 한다는 것은 효과성을 말한다. 두 개의 잣대를 놓고 어느 것이 우선인지 고려해 보면 당연히 효과성이다. 단순히 업무성과를 달성하는 데 급급한 리더들에게 일침을 가하는 내용이다.

조직이 크거나 범사회적인 문제일수록 이해당사자는 많아진다. 그 일에 관여하는 사람도 많고 지켜보는 사람도 많다. 반대하는 사람들의 반대 이유를 들어보면 나름대로 타당하기도 하다. 즉 다양한 가치를 수용하는 것이 중요한데, 그 다양한 가치들 중에서 어떤 것이 옳은 일이고 어떤 것이 그렇지 않은지를 파악하기는 쉽지 않다. 다만 올바르지 못한 일을 하면서, 그 일이 적절했다고 말하는 부도덕한 사람은 곤란하다는 점을 알아야 한다. 그리고 조직을 경영하다 보면 개인적인 가치로는 허락하지 못하는 일을 조직의 이익과 위험

회피를 위해 어쩔 수 없이 해야 하는 일도 있기 마련이다. 그런 경우 개인의 입장과 조직의 입장에서 상황을 조망하는 사람이 존경받을 만한 리더다.

리더는 방향을 설정하는 일을 하는 사람이라고 워런 베니스는 강조한다. 하지만 그가 제시한 관리자의 업무도 무척 중요한 일임을 강조하고 싶다. 왜냐하면 현실적으로 리더는 리더의 업무와 관리자의 업무를 모두 하는 사람이다. 리더의 업무만 하거나 관리자의 업무만 하는 리더가 있다고 하면, 그는 이미 리더가 아니다.

리더는 방향설정자다

리더의 가장 중요한 업무 중 하나가 조직의 방향을 잡는 일이다.

방향을 잡는 일이란 조직이 가야 하는 궁극적인 목적지를 정하고 알리는 것이다. 목적지를 정한다는 것은 조직의 미션을 명확히 한 뒤, 미션에 따른 조직의 가치를 나열하고, 그중에 핵심적인 부분을 추출해 행동 방향을 설정하는 일이다.

조직의 행동방향이 설정되고 나면 장기적인 비전을 설정해야 한다. 장기적 비전이란 조직이 궁극적으로 되고자 하는 모습이다. 그 모습은 아주 먼 훗날이라기보다는 적어도 20년이나 10년 정도의 모습을 말한다. 장기적인 목적지라고 너무 멀리 놓으면 그것은 뜬구름 잡기가 되기 십상이다. 그리고 그를 토대로 3~5년 정도의 단기적인 목표를 세우는 것도 중요하다. 단기적인 목표는 장기적인 목표에 비해 더 구체적이고 명확한 모습이 그려져야 한다. 조직개편은 장·단기적인 목표를 아울러 이루어지는 것이 바람직하다.

비전이 어떤 모습인가에 따라 조직을 구축하는 프로세스나 포인트도 달라진다. 조직을 올바르게 구축한다는 것은 조직이 만든 미래상을 달성하기 위한 조직도를 완성하는 일을 말한다. 조직도를 그릴 때는 제시된 프로세스대로 움직이고 행하면, 비전을 달성할 수 있다는 확신을 가지고 조직도를 그려야 한다. 이때 움직이고 행하는 방식이 전략이며 시스템이다. 전략과 시스템이 잘못되었다는 것은 장기적인 안목을 가지고 디자인한 비전이 한 방향으로 정렬되지 않았다는 것을 뜻한다.

리더는 바로 이런 그림을 그리고 행동하도록 유도하는 사람이다. 그런 면에서 리더는 방향설정자다. 방향설정자는 조직의 미션이 무엇인지 규명하고 그 미션을 이끄는 가이드라인을 제공해야 하며, 조직이 가야 하는 장기적, 단기적 비전과 목표를 설정하고, 그 목표달성을 위해 시스템을 구축하고 조직 구성원의 행동을 이끌어내는 사람이다.

따라서 리더의 첫 번째 임무는 방향을 설정하는 일이다. 이는 앞에서 언급한 설정형 문제를 해결하는 문제해결자인 것이다.

관리업무도 리더의 일이다

조직의 시스템을 구축하고 나면 그 시스템이 효과적으로 작동이 되었는지 살펴볼 필요가 있다. 왜냐하면 조직을 설계할 당시와 다르게 시스템이 구축되는 경우도 있고, 현실과 이상적인 모습에서 차이가 발생하는 경우도 있기 때문이다. 이러한 업무를 추진하고 관리해야 하는 것이 리더의 일이다.

조직 관리는 사람의 관리이기도 하다. 조직 구성원들은 각각의 다양성을 갖추고 있으며 각기 다른 전문성을 가진 사람들이다. 개인의 지식이 다르고 경험도 다르다. 그런 사람들과 업무를 처리하다 보면 당연히 처리 방식에 선호도의 차이가 발생한다. 우리는 이것을 갈등이라고 한다. 갈등관리의 가장 좋은 방법은 그 갈등이 생기지 않도록 하는 것이다. 하지만 갈등은 이미 현실로 나타난 것이며 그 갈등을 어떻게 처리하는가에 따라 신뢰를 얻을 수도 있지만, 그렇지 못할 수도 있다.

이처럼 이미 발생이 된 문제를 처리하는 것도 리더의 일이다. 발생된 문제의 원인이 무엇인지 먼저 규명을 하고 다음부터는 이런 문제가 발생되지 않도록 노력하는 것이다.

따라서 리더는 조직의 효과성 향상을 위해 조직의 시스템을 새롭게 바꾸는 것도 필요하고, 이미 구축된 시스템의 효율성을 위해 국지적으로 조정하는 일도 필요한 업무다. 이를 조직관리라고 하며, 조직관리를 위해 리더는 항상 효과성과 효율성을 염두에 두고 일을 해야 한다.

MECE적 사고와 조직관리

조직의 효과성과 효율성을 얻기 위해서 생각해야 하는 방법의 하나로 'MECE적 사고'를 들 수 있다. MECE적 사고란 Mutually Exclusive, Collectively Exhaustive의 약자다. 즉 상호배타적이면서 전체적으로 모든 것을 생각하는 사고를 말한다. 우리의 조직구조가 방향을 설정한 목적과 목표를 달성하기 위한 전략으로 빠뜨린 것을 찾아 채우고, 부서들 간에 겹치는 업무가 없는지를 관찰하는 사고를 말한다.

경영혁신은 MECE적 사고를 기초로 이루어진다. 업무의 혁신이나 조직구조의 혁신은 MECE적 사고를 함으로써, 부서 간의 업무를 통합한다거나 어느 부서를 없애고 그 업무를 다른 부서에 이관해 효율성을 추구하는 일이다. 이는 업무를 단순화하기도 하고 고정비를 줄여 원가를 절감해주기 때문에 경영혁신이라고 한다. 경영혁신은 조직을 관리하는 사람의 몫이며 그가 관찰한 업무를 MECE적 사고에서 비롯된 것임을 감지할 필요가 있다. 사실 MECE적인 사고방식은 문제를 해결하는 방식의 바이블이다.

2 장
4개 차원의 리더십

4차원 리더십

앞에서 리더십은 영향력이며, 그 영향력은 성과로 나타나야 하고, 과정의 법칙도 리더의 영향력 중 선택의 결과라고 언급했다.

이러한 리더십은 영향력을 발휘하는 구성원의 규모에 따라 1차원, 2차원, 3차원, 4차원 리더십으로 나눌 수 있다.

먼저 1차원 리더십은 영향력의 대상이 단 한 사람, 즉 자기 자신을 말한다.

2차원 리더십은 영향력의 대상이 나와 다른 한 사람을 더해 구성원 두 명이 존재하는 상황에서의 리더십이다.

3차원 리더십은 나의 영향력이 다른 몇몇의 사람에게 영향을 주는 리더십이다. 이는 조직으로 설명할 때 하나의 팀이라고 가정하면 쉽게 이해할 수 있다.

마지막으로 4차원 리더십은 리더가 행사하는 영향력의 범위가 하나의 조직을 형성하는 조직에게 영향력을 주는 리더십이며, 이는 경영자 리더십이라고 한다.

지금부터 각각의 리더십을 이해하고, 네 가지 리더십의 구성요소는 무엇이며 조직 내에서 어떻게 작용하는지에 대해 살펴보자.

1차원 리더십

1차원 리더십은 그 구성원이 단 한 명이다. 즉 영향력을 발휘하는 사람이 곧 영향력을 받는 사람이며, 자신이 자신에게 행사하는 리더십이다. 이를 셀프 리더십이라고 하며, 과거 자기혁신, 자기관리라는 말로 사용했다.

셀프 리더십은 자신이 자신에게 영향력을 행사하는 것을 말한다. 따라서 자신이 자신에게 어떠한 행동으로 영향력을 행사하느냐에 따라서 자신이 원하는 사람이 될 수도 있고, 그렇지 못할 수도 있다. 따라서 이를 자기 성공학이라고 말하기도 한다.

자기 관찰과 자기 목표설정

1차원 리더십으로 표현되는 셀프 리더십은 As Is(현재)와 To Be(미래)를 각각 자기관찰과 자기목표 설정으로 잡는다. 이는 1991년에 Manz와 Sims가 제시한 모델에서 그 근원을 찾아 볼 수 있다. 그들은 셀프 리더십이란 자신을 관찰(Self-observation)하고, 자신의 목표를 설정(Self-goal setting)해 자신에게 맞는 성공을 기원하며 그 목표를 향해 나아가면서 작은 목표를 달성할 때마다 자신을 동기부여(Self-reward)하며 때로는 자기를 징계(Self-punishment)하고 자신에 맞는 역할들을 제대로 관리해 나아가는 것이라고 했다.

[셀프 리더십 모형]

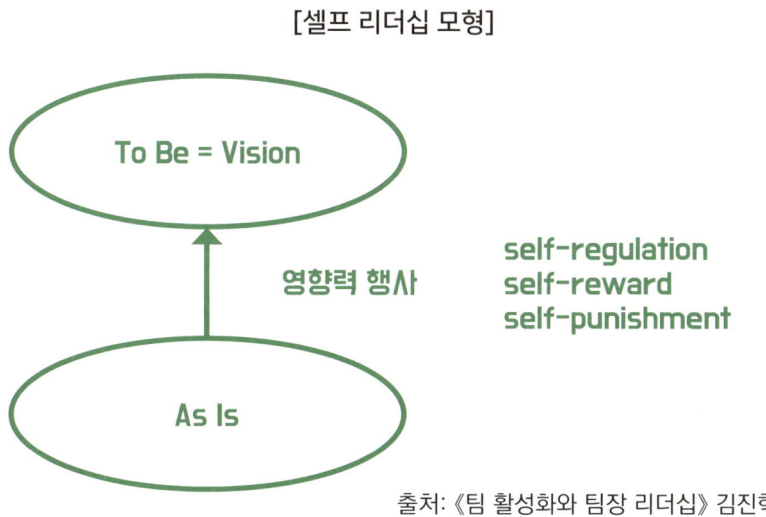

출처:《팀 활성화와 팀장 리더십》김진혁

셀프 리더십의 영향력 방법

Manz와 Sims(1991)는 초기에 셀프 리더십의 영향력을 발휘하기 위한 방법으로 자기 규제, 자기 보상, 자기 처벌 등을 제시했다. 하지만 환경이 복잡해지고 자기를 개발하는 방법에 대한 연구가 활발해지면서 영향력의 행사 방식이 다양해졌다. 그중《성공하는 사람들의 7가지 습관》의 저자 스티븐 코비는 습관 및 시간관리가 매우 중요하다고 말했다. 그 후 환경에 대한 변화관리, 사명관리, 목표 관리, 경력관리, 건강관리, 역할관리, 자산관리, 소통 및 인맥 관리 등으로 점차 넓혀지기 시작했다. 셀프 리더십은 이러한 자기관리 방법을 통해 자신을 최고의 성공적인 위치로 이끄는 것이다.

셀프 리더십의 핵심요소_ 신뢰성

셀프 리더가 가져야 할 가장 중요한 덕목은 그의 행동이 다른 사람의 모범이 되는 것이다. 존 맥스웰은 "지난 30년간의 경험을 통해 배운 가장 큰 리더의 원칙은 리더에게 가장 가까운 사람들이 그 리더의 성공 수준을 결정한다"는 것이었다. 다른 말로는 리더에게 가장 가까운 사람들이 그 리더의 실패 수준을 결정한다고도 할 수 있다. 리더의 가장 가까운 사람들이 그를 흥하게도 망하게도 만들 수도 있다. 따라서 리더는 자신의 주변인들이 함께 성공할 수 있도록 계발하고 양성할 능력을 갖추고 있느냐도 중요한 요소다. 아무리 자기 자신을 성공적인 위치에 끌어 올린 사람이라도, 다른 사람을 이끌어주지 못한다면 그 성공은 절반에 불과하다.

타의 모범이 되기 위해서는 신뢰성(Trustworthiness)을 갖추는 것이 필요하다. 신뢰성이란 신뢰할 만한 가치가 있는 것으로 역량(Competency)과 품성(Characteristics)으로 구성된다. 지식이나 기술에서 아무리 역량이 뛰어나다고 해도 품성에 문제가 발생하면 그 사람의 신뢰성에는 문제가 발생한다. 또한 품성이 제아무리 훌륭한 사람이라 해도 역량 면에서 받쳐주지 못한다면 조직적인 면에서나 사회적인 면에서 신뢰성을 갖추었다고 말하기 곤란하다.

2차원 리더십

2차원 리더십은 구성원이 자신 외에 타인이 한 명 더 존재한다. 즉 영향력을 발휘하는 사람은 자신이지만 그 영향력을 받는 외부 사람이 존재하는 것이다. 2차원 리더십은 자신이 타인에게 행사하는 리더십으로 대인관계 리더십이라고도 표현하며, 다른 말로 소통의 리더십, 갈등관리, 커뮤니케이션 등으로 표현하기도 한다. 대인관계나 갈등관리, 소통 등은 모두 주체가 두 사람이며, 갈등관리를 잘하는 사람은 소통도 잘하고 대인관계도 원만하다.

서로에 대한 현재의 확인과 목표설정

2차원 리더십으로 표현하는 대인관계 리더십은 As Is(현재)를 두 사람 사이의 갈등관계나 불신의 상황을 분석하는 것이 우선이다. 그리고 To Be(미래)는 두 사람 사이의 가장 이상적인 상황, 즉 화합과 신뢰의 상황을 목표로 해결점을 찾아가는 리더십을 말한다.

출처:《팀 활성화와 팀장 리더십》김진혁

　대인관계능력에 대해 하버드 대학교 가드너는 대인지능을 언급했고, 대니얼 골먼은 사교적 지능을 예로 들었다. 그 핵심은 타인의 마음과 감정을 재빨리 파악하고, 깊이 이해하고, 공감함으로써 원만한 인간관계를 맺고 유지하는 데 있다. 이 능력을 지닌 사람은 주변 사람의 마음을 잘 헤아려 편안하고, 행복하게 만들어 준다. 또한 대인지능이 높은 사람은 팀이나 조직에 강한 리더십을 발휘한다. 왜냐하면 사람들은 본능적으로 자신을 행복하게 해주는 사람을 따르기 때문이다. 결국 타인에게 강한 영향력을 끼친다는 것은 주변 사람들에게 얼마나 행복을 잘 나눠줄 수 있느냐의 문제이기도 하다.

영향력은 타인의 감정을 다루는 것

　대니얼 골먼에 따르면 지속적으로 높은 성과를 내는 성공적인 리더들의 공통점은 감성지능이 높다. 그리고 약 80% 정도의 감성지능과 20% 정도의 지적 능력이 적절히 조화를 이룰 때 리더는 효과적으로 리더십을 발휘할 수 있으며, 그 감성지능은 자기인식에 기초

한다. 영향력이란 다른 사람의 감성을 다루는 것이고 자신의 반응을 조율해 목표를 달성하도록 타인과의 상호작용을 통해 이끌어 나아가는 것이다. 다양한 견해를 이해하고 인정하며 조직의 상황에 적합하도록 노력하며, 공통의 가치와 미션에 몰입하도록 하는 자기인식부터 출발한다.

대인관계 리더십의 핵심요소 - 신뢰

대인관계 리더십의 핵심요소는 신뢰다. 신뢰란 사전적인 의미로 굳게 믿고 의지한다는 말이다. 누군가를 굳게 믿고 의지하기 위해서는 그 사람에 대한 지식, 역량, 태도, 진정성, 경험 등 많은 것들에 대해 생각하지 않을 수 없다. 그리고 상대에 대한 믿음은 자칫 자신을 위험에 빠뜨릴 수 있다는 것을 전제한다. 그 이유는 누군가와 함께 어떤 행동이나 일을 도모함에 있어 내가 통제할 수 있는 일을 타인에게 통제권을 위탁하는 일이기 때문이다. 대인관계에서 신뢰한다는 것은 그 사람에게 통제권을 준 이상, 나를 좌초시킬 수도 있고 취약한 상태로 내몰 수도 있지만, 나의 믿음을 저버리지 않고 기회주의적 행동을 하지 않을 것이라는 기대가 담긴 것이다.

조직에서도 상사와 부하의 사이에서 상사를 신뢰한다는 것은 나의 상사는 자신만의 이익과 안위를 위해 나를 조종하거나 이용하지 않을 것이라는 기대가 내포되어 있다. 또한 상사가 부하를 신뢰한다는 것도 상사가 있든 없든 자신의 업무를 처리함에 있어 상사의 기대에 따라서 움직일 것이라는 인식에서 출발한다. 인간관계에서 신뢰라는 것은 함께 살아가는 기본적인 가치다.

대인관계의 핵심요소인 신뢰를 얻기 위해서는 대니얼 골먼이 제시한 감성지능을 높이는 방법을 추천할 수 있다. 그는 네 가지 감성지능을 제시했다.

첫째, 자신이 현재 어떤 상태인지를 명확하게 인식하는 것이다.

둘째, 타인의 감정을 읽는 지능이다.

셋째, 자신의 감정을 통제하는 방법이다. 자신의 감정을 통제한다는 것은 자신의 감정을 자신이 조절할 줄 아는 능력이다. 통상적으로 화를 내는데 참는 것만이 통제하는 것이 아니라 화를 낼 상황에서 화를 낼 줄 아는 것이 감성지능이다.

넷째, 사회적 기술은 타인이나 커뮤니티 등에 설득력, 협상력, 타인 개발, 의사소통, 갈등관리 등을 말한다.

3차원 리더십

3차원 리더십은 그 구성원이 다수이다. 영향력을 발휘하는 사람은 자신이고, 그 영향력을 받는 외부 사람이 다수가 존재함을 의미한다. 다수의 구성원들은 개별적으로 떨어져 있는 사람들이라기보다는 일정한 목적성을 띤 작은 팀을 말한다. 3차원 리더십은 작은 집단을 이끄는 리더십을 의미하며, 그 집단들이 여러 개 모여 있는 조직의 일부일 가능성이 높다. 따라서 3차원 리더십은 커다란 조직 내에서 하나의 팀을 이끄는 리더의 영향력을 말하는 것으로 부하를 이끄는 역량은 물론, 상사에게 영향력을 가는 역량 그리고 동료나

파트너들에게 영향력을 행사하는 역량 모두가 필요하다. 그래서 3차원 리더십을 중간관리자 리더십이라고도 한다. 즉 작은 조직을 관리하면서 큰 조직의 일부로 헌신하는 리더십이다.

개인과 팀과 조직의 차이

팀이란 개인들이 모여서 형성된 하나의 집단이며 그 팀은 조직 속 여러 집단 중 하나일 가능성이 있다. 따라서 팀의 구성원들은 개개인들이 모여 하나의 팀을 형성되었음을 반드시 알아야 하며, 그 팀들은 조직을 구성하는 여러 개의 부서 중 하나라는 사실을 인지해야 한다. 구성원들이 이를 인지해야 하는 이유는 개개인의 욕구가 다를지라도 팀 자체의 목적을 달성하기 위해서는 타협과 양보가 필요하기 때문이며, 조직 내 하나의 팀이라고 인식해야 한다는 점은 조직 전체의 이익을 위해서 팀도 희생이 따를 수 있다는 점 때문이다.

중간관리자 리더십

최근 조직은 팀제를 선호한다. 대한민국의 90% 이상이 팀제로 운영된다. 그런 의미에서 중간관리자 리더십은 팀장 리더십이기도 하다. 팀장이란 전체의 조직을 이해하고, 구성원 개개인의 다양한 욕구와 아이디어를 토대로 팀을 운영하는 사람이다. 따라서 조직에 대한 이해도 필요하며 개개인의 역량을 발휘할 수 있도록 도와야 한다. 그 역량의 발휘는 자신이 맡고 있는 팀을 조직의 목적에 부합하도록 정렬시키는 것이며, 구성원들이 다양성을 가지고 역량을 발휘해 조직의 성광에 이바지할 수 있도록 돕는 것이다.

팀장의 리더십은 부하, 상사, 동료 그리고 업무의 관계 속에서 새롭게 이해되어야 한다. 팀장은 지시하고 보고만 받는 존재가 아니라, 여럿의 팀 구성원들과 함께 일을 하는 파트너이며 동료다. 또한 경쟁과 견제의 대상이 아니라 내 일에 대한 협조자이며 후원자로 간주되어야 한다. 팀장은 위계 인식이 없어야 하듯 팀원들도 부하라는 인식을 가질 필요가 없다. 팀장의 역할은 구성원들이 스스로 일을 찾아 집중할 수 있도록 돕는 데 있다.

한편 팀은 조직 내 여러 개의 팀 중에 하나로, 다른 팀과 협조하는 것은 당연한 것이다. 각각의 팀은 모두 목적을 가지고 존재한다. 분명히 그 목적을 알고 서로 협조하며 조직의 목적을 달성할 수 있도록 유기적인 단결성을 보여야 한다.

[중간관리자 리더십 모형]

상사의 요구 ↑
고객의 요구 → 팀 관리자 리더십 → 동료의 기대치
부하의 기대치 ↓

출처: 《팀 활성화와 팀장 리더십》 김진혁

이처럼 팀장은 위로부터 상사의 요구에 부응하며, 팀 구성원들의 요구와 기대치를 모아 관리를 해야 함은 물론 다른 팀들의 기대치나 외부 고객들의 요구에도 적절히 응대해야 하는 리더십을 필요로 한다. 따라서 팀장의 리더십을 360도 리더십이라고도 한다.

3차원 리더십의 핵심요소는 권한위임이다

중간 리더로 대표되는 팀 리더는 커다란 조직의 일원으로서 조직의 목표를 향해 전 방향의 리더십을 발휘해야 한다. 한편 자신이 맡고 있는 팀을 이끌며 팀 내의 업무별로 역량이 가장 뛰어난 구성원을 단위 업무의 리더로 선정해 추진할 수 있도록 배려해주는 것도 효과적인 팀을 이끄는 리더의 역할이다.

팀 리더는 팀의 미래의 비전을 제시하고 구성원들의 역량에 따라 업무를 배분하고 팀이 비전을 성취할 수 있도록 각자에게 권한을 위임하는 역할을 해야 한다. 위임의 리더십은 이성적·감성적 요소들을 모두 포함하며 구체적인 기획력, 직감, 상상력, 직관력 등이 망라된 것이라고 할 수 있다.

3차원 리더십의 발휘방법

3차원의 리더십은 상사관리나 다른 팀 및 동료관리 등도 필요하지만, 팀 본연의 목적과 목표를 이룰 수 있도록 부단히 노력해야 한다. 그리고 3차원 리더는 팀 구성원들이 최대한의 역량을 갖출 수 있도록 학습의 기회를 주며 코칭을 해야 한다. 업무적으로 최대한의 역량을 갖추도록 도와주어야 하며, 조직 구성원의 일원으로 서로 협력하는 마음을 가질 수 있도록 이끌어야 한다. 팀의 가장 이상적인 형태는 팀의 권한이 최대한 구성원들에게 위임이 된 상태를 말한다.

다음은 상사의 요구에 부응하기 위해 존 맥스웰이 저서 《360도 리더》에서 제시한 상향 리더십 발휘 방법이다.
① 스스로를 훌륭하게 지도하고 관리하라.
② 상사의 짐을 덜어주라.
③ 남들이 꺼리는 일을 기꺼이 하라.
④ 단순한 관리가 아니라 리더십을 발휘하라.
⑤ 상사와 친밀한 인간관계를 형성하라.
⑥ 상사의 시간을 뺏을 때는 만반의 준비를 하라.
⑦ 나설 때와 물러설 때를 알라.
⑧ 전천후 플레이어가 되라.
⑨ 나날이 발전하는 사람이 되라.

다음은 다른 팀과 동료들에게 발휘해야 하는 수평 리더십 방법 일곱 가지를 소개한다.
① 리더의 순환 고리를 이해하고, 실천하고, 완성하라.
② 동료 리더의 성공을 경쟁보다 우선시하라.
③ 먼저 동료와 친구가 되라.
④ 직장에서 정치적으로 행동하지 말라.

⑤ 인간관계의 폭을 넓히라.
⑥ 좋은 아이디어가 승리하게 하라.
⑦ 완벽한 척하지 말라.

그리고 다음은 팀원들에게 하향 리더십 발휘를 위해 제시한 일곱 가지를 소개한다.
① 통로를 천천히 걸어가라.
② 누구나 100점짜리라고 생각하라.
③ 팀원들을 개별적으로 발전시켜라.
④ 저마다 잘하는 영역에 배치하라.
⑤ 스스로 타의 모범이 되라.
⑥ 비전을 전하라.
⑦ 성과에 따라 보상하라.

4차원 리더십

조직 환경변화의 수용과 방향설정

4차원 리더십으로 표현하는 경영자 리더십도 조직의 현재모습(As is)을 명확하게 관찰하는 것에서부터 출발한다. 그리고 미래(To be)는 조직이 앞으로 나아가야 할 방향에 대한 이상적인 모습을 설정하는 일이다.

조직이 현재를 잘 관찰하기 위해서는 조직의 업종이나 서비스 환경에 대한 관찰이 우선적으로 이루어져야 한다. 그리고 내부적 외부적으로 어떤 변화가 있으며 어떤 흐름을 타고 있는지를 알아야 한다. 국내의 여러 가지 환경을 체크하는 것은 물론, 제4차 산업혁명의 흐름 속에서 국외의 상황을 분석하는 것도 이제는 매우 중요한 항목이 되었다.

조직의 내부와 외부를 관찰해 환경을 분석하고 전략을 세우는 대표적인 방법으로 PEST 분석과 SWOT 분석이 있다. PEST는 기업 경영환경에 영향을 미치는 정치(Political), 경제(Economical), 사회(Social), 기술(Technical)의 배경을 살피는 것이다. 만약 정치 환경이 일관성이 부족하거나 경제 위기가 있다면 적극적인 투자는 곤란하다. 또한 사회가 긍정적인 분위기인지 아니면 갈등이 심화된 상황인지 그리고 과연 기술로 적용이 가능한지 불가능한지를 파악하는 것은 중요한 환경 요인이다.

거시적인 환경분석이 PEST라고 한다면 조금 좁혀서 기업과 직접적인 관련사항을 분석하는 SWOT 분석이 있다. SWOT 분석은 기업 내부의 장점(Strength), 약점(Weakness), 기회(Opportunity), 위협(Threat) 요인을 분석하는 것이다.

SWOT 분석의 기회 요인을 도출하는 방법으로는 네 가지가 있다. 첫째, 강점과 기회 요인을 가지고 아이디어를 내는 방법이며, 둘째로 강점과 위협 요인, 셋째로 약점과 기회요인, 넷째로 약점과 위협 요인을 가지고 도출하는 것이다. 가장 유용하고 많이 사용하는 방법은 강점과 기회 요인을 가지고 도출하는 방법이지만, 중소기업의 경우 정부가 어떤 정책을 펼치는가에 따라 약점이 강점 요인으로 작용하기도 한다(종업원 수가 적은 사업체에 정책자금을 지원하고 인센티브를 지원하는 등).

또한 위협적으로 작용하던 요소가 기회 요인으로 작용되기도 한다. 모 중소기업은 오로지 하나의 대기업만을 바라보면서 사업을 운영했다. 하지만 대기업이 거래 중단을 선언하면서 해외로 눈길을 돌릴 수밖에 없었다. 마침 새롭게 출범한 정부의 정책으로 해외에 대한 지원책이 활발해지며 위협 요인이 기회 요인으로 바뀌어 엄청난 성공의 발판이 되었다.

이 사례에서 보듯 SWOT 분석이란 조직에서 한 번만 분석하고 마는 것이 아니라, 그 결과를 가지고 지속적인 관찰이 필요하다.

4차원 리더십의 영향력

최근 조직 환경은 4차 산업혁명과 더불어 역동적으로 변했고, 조직 내의 관리나 운영방식도 과거의 고도성장기와는 비교할 수 없을 만큼 바뀌었다. 내부적으로도 수평적 조직을 원하고 있으며, 신세대의 가치관 변화를 읽는 것은 조직관리에 있어 매우 중요한 요소가 되었다.

특히 젊은 사원들의 삶의 방식이 많이 달라졌는데, 일과 삶의 균형이라는 의미로 '워라밸(Work and life balance)'이라고 표현한다. 이들은 많은 급여를 받는 것보다 내가 좋아하는 일을 한다든지 자신의 삶을 위해 적절한 시간을 보장받기를 원한다. 어떤 이들은 취업보다 아르바이트를 하면서 꾸준히 자신이 원하는 일을 추구한다.

4차원 리더십의 중요한 기능

최고경영자나 임원급인 4차원 리더는 무엇을 해야 하는가?

첫째, 리더는 조직의 나아갈 방향과 비전을 제시해야 한다.

경영자들은 구성원들이 스스로 주인의식을 가지고 일해주기를 원하지만, 종업원들은 반복적인 과업을 정해진 시간 안에 완수시키기에 바쁘다고 생각한다. 또한 자신의 집단이 어떤 곳으로 향해 가고 있는지를 생각하기에는 시간이 부족하다는 생각을 한다. 따라서 리더는 조직의 비전수립 및 전략계획에 주도적으로 중심을 잡아야 한다. 그래야 조직이 추구하는 전략적 목적을 달성할 수 있으며 그들의 행동을 생산적 행동으로 전환시킬 수 있다.

둘째, 중요기능은 동기부여 시스템을 구축해야 한다.

경험이 많은 노련한 구성원도 때로는 직무관련 문제를 해결하는 데 어려움을 겪거나 슬럼프에 빠지기도 한다. 그럴 때일수록 자신감을 심어주고 용기를 북돋아줘야 한다. 그렇다고 최고경영자가 모든 직원을 코칭하고 상담하기 시작하면 본연의 업무를 소홀히 할 수 있으며 중간관리자의 몫이 없어진다. 이는 중간관리자의 위협요인으로 작용될 수 있다. 경영자는 가끔 코칭하고 상담을 할 수 있지만 조직이 커질수록 그런 업무는 바로 중간관리자에게 맡기는 것도 중요하다.

경영자가 모든 직원을 직접 코칭하거나 상담하는 일은 불가능하다. 따라서 경영자는 바로 아래 그룹장들을 코칭하거나, 조직 내 상급자의 코칭 및 상담 시스템을 구축할 수 있도록 도와야 한다.

셋째, 최고경영자는 조직정책을 공유하고 집행해야 한다.
구성원들에게 최고경영자는 조직의 높은 위치에 있는 사람이다. 그들은 조직의 정책을 공유하고 집행하는 일을 맡게 된다. 조직의 사업이나 정책이나 공식적인 리더를 통해 진행될 때 보다 체계적이고 추진력이 있는 실행효과를 얻을 수 있다.

마지막으로 넷째, 경영자는 필요한 자원을 획득하는 방법에 대해 결단해야 한다.
다시 말해 조직이 이익을 낼 수 있는 사업 아이템이나 시스템에 대해 책임을 진다는 것이다. 조직 구성원들은 창의성을 바탕으로 다양한 아이디어와 대안들을 제시하지만 모두 수용할 수는 없는 일이다.
조직이 정체성의 원칙을 지키면서 사업의 방향과 자원을 획득하는 방법은 최고경영자의 결단이 필요하다. 왜냐하면 조직 내 부서의 리더들은 자기가 속한 팀에게 유리한 의사결정을 하려 하고 그 이익의 결과가 자신들에게 오기를 바란다. 또한 그들은 자신들에게 이익이 돌아오지 않는다면, 조직 내 집단들은 자원을 획득함에 있어서 리더에게 설득당하고 싶어 한다. 자신이 이익을 얻는 방향이 아니라면 책임을 피하고 싶은 것이다.

경영자가 반드시 간과하지 말아야 할 부분은, 리더가 없으면 집단 구성원들은 각자 자신에게 유리한 방식으로 자원을 획득하려 하며 이전투구의 모습으로 변할 수도 있다는 점이다.

리더십 인사이드 아웃(Inside out) 법칙

4차원 리더십의 상관관계

앞에서 제시한 1차원 셀프 리더십, 2차원 대인관계 리더십, 3차원 중간관리자 또는 팀장 리더십 그리고 4차원 경영자 리더십은 각각의 독립성을 가지고 있으며 상호 의존성을 가지고 있다. 다시 말해 리더십들은 서로 영향을 주고받는 상관관계가 있다는 것이다.

1차원 리더십은 2차원 리더십에 영향을 준다. 개인개발이 대인관계에 긍정적 영향을 준다는 말이다. 또한 대인관계는 자기를 개발하는 데 또한 영향을 준다. 대인관계는 3차원 리더십인 중간관리자에게 영향을 준다. 또한 중간관리자의 리더십은 대인관계에 긍정적인 영향을 준다고 학술연구도 증명한 바 있다. 이 또한 서로 주고받는 상관관계가 있음을 입증한다. 그리고 중간관리자의 리더십은 최고경영자 리더십인 4차원 리더십에 영향을 준다. 그리고 경영자 리더십도 중간관리자 리더십에 긍정의 영향을 준다.

즉 네 가지 리더십은 서로 영향력을 주고받는 관계다.

리더십 Inside Out 법칙

리더십 개발 프로세스

리더십은 조직의 효과성에 직접적인 영향을 주는 요인이다. 따라서 조직을 이끄는 리더에게 리더십 개발은 절대적이다. 올바른 리더십개발의 원칙과 프로세스는 다음과 같다.

[리더십의 Inside Out 법칙]

```
경영자 리더십
  팀 관리자 리더십
    대인관계 리더십
      셀프 리더십
      (신뢰성)         →
```

출처: 《팀 활성화와 팀장 리더십》 김진혁

1차원 리더십의 핵심 요소는 역량(Competency)과 품성(Characteristic)이다. 이 두 가지가 만족감을 줄 때 신뢰성이 생긴다고 언급했다.

그런데 1차원 리더십에 신뢰성이 깨지면 2차원 리더십을 발휘함에 있어 문제가 발생된다. 개인의 역량에 문제가 있거나 그 사람의 품성에 문제가 생기게 되면 대인관계 리더십의 핵심요소인 신뢰를 얻기 힘들기 때문이다. 즉 1차원 리더십의 무너진 신뢰성은 2차원 리더십 발휘에 장애를 일으킨다는 말이다.

갈등관리의 최고 전문가로 유명한 두 사람이 결혼했다. 그들은 모두 인간관계 및 갈등관리에 대해 해박한 지식을 가진 사람들이었으며 타인들로부터 인정도 받았다. 그런데 그들은 두 번씩이나 이혼했다. 자신의 갈등을 극복하지 못한 것이다. 이 일로 그들은 역량이 부족한지, 서로의 품성에 문제가 있었는지 의심을 받는다.

또한 2차원 리더십의 핵심인 신뢰가 무너지면 3차원 리더십인 중간 관리자는 영향력 발휘가 어려워진다. 3차원 리더십의 핵심인 임파워링이 힘들어지기 때문이다. 부하에 대한 신뢰가 무너졌다면 상사는 권한을 위임할 리가 만무하다.

"우리 팀장님은 권한 위임을 몰라."

"임파워링을 모르는 사람이야."

이런 말을 하는 직원은 먼저 스스로에게 물어야 한다. '나는 과연 상사로부터 신뢰를 얻고 있는가?' 신뢰를 얻기 위해서 노력해야 하는 부분은 무엇인지 알아야 한다.

3차원 리더십의 핵심요소인 임파워링이 무너지면 경영자 리더십도 문제를 일으킨다. 경영자는 체계적인 조직을 만들려 하지만, 임파워링이 되지 않은 3차원 리더십은 조직결속력에 부정적인 영향을 끼친다. 임파워링이 안 되었다면 부서의 권력이 부서장에게 집중이 되었다는 말이고, 집중된 권한은 갑작스런 사고나 해당 직원이 퇴사하는 경우 리스크가 커지기 마련이다.

리더십 인사이드 아웃 법칙

1차원 리더십은 2차원 리더십뿐만 아니라 3차원, 4차원 리더십에도 영향을 준다. 2차원 리더십은 3차원, 4차원에 영향을 준다. 이를 두고 스티븐 코비는 '리더십은 다른 사람들이 당신을 신뢰하고 따를 수 있도록 스스로 신뢰성을 갖추는 것(Trust built from the inside out)'이라고 했다. 리더십의 인사이드 아웃 법칙을 말한다(김경섭, 김원석 역, 1994).

동양의 사서삼경에서도 이를 두고 '수신제가치국평천하'라는 말로 리더십의 출발점 및 개발 프로를 알려주었다. 마찬가지로 이율곡은 수기치인(修己治人)이라는 말로 나로부터의 리더십을 강조한 바 있다.

3 장
리더의 자질

 사람은 태어나면서 누구나 리더가 된다. 나 홀로 사는 사람도 자신을 움직이고 개발하고 통제하면서 살아가는 자기관리 리더인 것이다. 자기관리가 안 되는 사람은 자신을 통제하고 발전시키기 어려운 사람이다. 또한 타인과의 교류도 힘든 사람이다. 왜냐하면 근본적으로 인간은 타인과의 소통 속에서 자신을 만들어 온 사람이기 때문이다.
 어린 시절에는 부모님과 소통하면서 자신의 소통방식을 만들어간다. 먹을 것을 달라고 하면 한번에 주는 부모들이 있는가 하면, 여러 번 애걸해야 주는 부모님도 있다. 그럴 때마다 어떤 선택이 자신에게 가장 이로운지를 생각하게 만들었다. 우리는 과거 여러 가지 상황을 경험하면서 가장 효과적인 방법을 선택하며 살아왔고 그 행동들의 집합체가 개인의 역량이 되었다.

이번 장에서는 단순히 자신만을 이끄는 리더로서가 아니라 타인을 이끄는 리더 그리고 조직을 이끄는 리더에게 필요한 공통적 자질은 어떤 것이 있는지 살펴보도록 한다.

리더가 지녀야 할 역량

역량과 능력의 차이

예전엔 좋은 인재를 얻기 위해 기업이 구인광고를 할 때 "능력 있는 인재"를 찾는다는 표현을 썼다. 언제부터인가 능력이라는 말보다 역량이라는 말을 더 자주 사용한다. 그렇다고 능력 있는 사람이 필요 없다는 이야기는 아닐 것이다.

능력과 역량의 차이는 무엇인가? 능력은 영문으로 'ability', 역량은 'competency'라고 한다. 단어를 그대로 풀이하자면 능력은 '할 수 있는 것' 자체를 말하지만, 역량은 '경쟁력 있는 능력', '탁월한 능력'을 말한다. 국내에서 역량이라는 말이 본격적으로 사용되기 시작한 시점은 1990년대 말이다. IMF 외환위기로 조직은 다른 사람보다 월등히 탁월한 능력을 발휘하는 사람을 필요로 했기에 역량이라는 말을 많이 활용했고, 이제는 역량이라는 말이 보편화되었다.

역량의 정의

그렇다면 역량이란 무엇인가?

1973년 맥클랜드라는 학자에 의해 정의되었다. 그는 크게 세 가지 요소를 갖추어야 역량의 요건이 충족되는 것으로 보았다.

첫째, 지식이다. 역량은 어느 분야에 전문적인 지식을 말한다.

둘째, 기술이다. 자신의 분야를 잘 다룰 줄 아는 자신만의 숙련된 기술을 말한다.

셋째, 자신의 분야에 대한 적극적이면서 진취적인 태도를 의미한다.

능력이 그것을 할 수 있는가에 대한 가능성을 말한다면 역량은 그것을 당연히 다룰 줄 아는 지식의 경계를 넘어, 숙련된 기술을 가지고 있으면서 그것을 바라보는 태도가 갖춰진 상태을 말한다.

예를 들어, 운전면허증은 운전을 할 수 있는 사람의 능력을 증명해준다. 하지만 운전에 역량이 있는 사람은 운전과 관련한 자동차 기본적 지식은 물론, 빙판길이나 자갈길 코너링을 할 때 브레이크와 클러치를 적절히 활용하는 것 그리고 앞차와 뒤차의 간격을 유지하면서 안전하면서 속도를 유지할 수 있는 전문적 능력을 역량이라고 한다.

리더십에서 역량은 매우 중요하다. 조직에서 그 구성원이 인정을 받는 전문적인 자질이기 때문이다. 마케팅에 탁월한 역량을 가지고 있어야 최고의 CMO(Chief Marketing Officer) 자리까지 올라갈 수 있다. 또한 재무와 관련한 탁월한 역량을 갖춘 사람만이 CFO(Chief Finance Officer)가 될 수 있다. 이처럼 자신의 분야에서 뛰어난 역량을 갖춘 사람만이 그 분야에서 살아남고, 그런 사람들이 경쟁해 CEO(Chief Executive Officer)가 되는 것이다.

자신의 분야에서 역량을 갖춘다는 것은 단순히 자기 개발적인 측면에서 필요한 것이 아니라, 조직을 이끌어가는 리더로서 조직의 생존을 책임지기 위해 최고의 전문성을 갖추는 일이다.

리더의 성품

성품과 성격의 차이

성품은 품성이라고 표현하기도 하며 같은 의미로 사용한다. 그리고 성격과 성품이라는 말도 구분하지 않고 비슷하게 사용하는 경향이 있다. 하지만 잘 살펴보면 그 의미는 엄청난 차이가 있다. 영어로 성품은 'Character', 성격은 'Personality'다. 성품은 사람이 가진 내부의 마음 구조라면, 성격은 외부로 보이는 사람의 모습을 말한다.

제1차 세계대전 이전에는 성품을 강조하는 교육이 대부분이었다. 좋은 성품이 사회적인 성공의 기본적인 근간이라고 교육했으며, 인간으로서 반드시 갖춰야 하는 것으로 강조했다. 하지만 이후에는 성품에 대한 개발이나 교육에 중점을 두지 않고 성격개발에 치중한 면이 없지 않다.

성품윤리는 인간으로서 행복한 삶을 위한 윤리적 덕목으로 인성에 바탕을 둔 기본원칙이다. 벤자민 프랭클린은 언행일치, 겸손, 절제, 용기, 정의, 인내, 근면, 소박, 순수함, 황금률 등을 자신의 윤리적 덕목으로 설정했다. 이런 덕목들은 성품을 형성하는 데 기초적인 삶의 원칙이며, 진정한 삶과 행복의 성취를 가능하게 한다.

제1차 세계대전 이후에 중요성이 대두된 성격윤리는 사회적 이미지에 대한 인식이나 기법, 응급처치식 대응책을 강조했다. 성격윤리는 대인관계에 있어서 근본적인 처방보다는 진통제를 주거나 압박붕대를 감아주는 법으로 고통을 감소시켜 주는 방법이다. 구체적으로 성격을 개발하는 방법 즉, 스피치 스킬, 사람을 설득시키는 방법, 대인관계에서 소통스킬, 이미지 관리법, 적극적 사고, 협상력, 사람을 매료시키는 임기응변 스킬 등이 그것이다.

이런 스킬을 가르치는 사람들은 자신의 교육 프로그램의 중요성을 강조하기 위한 방법이나, 현재 자신이 얼마나 성공적인 위치에 있는지를 알리려는 방법으로 사용되었다. 예를 들어 아래와 같다.

① 웃으면 복이 온다. 웃은 얼굴에 침 못 뱉는다. 웃어야 한다.
② 마음속에 품은 것은 무엇이든지 달성 가능하다.
③ 꿈을 가져라. 생생하게 그릴수록 그 꿈은 현실에 가까워진다.
④ 당신이 가진 태도는 당신이 도달할 수 있는 수준을 결정한다.
⑤ 현재의 그 고통을 즐겨라.

위에 기술한 문장들은 겉으로 보기에는 배워서 나쁠 것이 없는 금

언처럼 보인다. 그리고 그것을 습득하고 행동하는 것이 성공에 도움을 준 것도 사실이다. 하지만 이 말들은 다분히 조작적이며 기만적인 방법으로 오용되기도 한다. 왜냐하면 이런 말들은 아래처럼 사용되기도 하기 때문이다.

첫째, 타인들이 자신을 좋아하게 만들도록 술수로 작용하기 때문이다. 멋진 말을 함으로써 감동을 주고 그런 말을 하는 자신이 마치 유명인이 된 것처럼, 또는 이미 그런 사람인 것처럼 술수로 사용하기 때문이다.

둘째, 그들은 자신의 이익을 위해 타인의 관심 분야에 흥미가 있는 듯 행동하게 만들기도 한다. 자신의 성공을 이루기 위해 타인의 성공에 진심으로 관심이 있고 원하는 사람처럼 보이게 하면서 결국 자신의 입신에 노력하고 있는 것이다.

셋째, 재력이나 권력이 있는 듯 보이게 하며, 성격윤리를 강조함으로써 자신의 말을 따르지 않으면 안 된다는 위협적 수단으로 사용한다.

이미지를 잘 관리하거나 매력적인 치장을 하면 타인으로부터 호감을 얻을 수 있다. 마찬가지로 성격윤리를 활용하면 좋은 대인관계를 형성하고 센스 있는 사람으로 인정받을 수 있다. 단기적으로 효과적이고 쉬운 방법이지만, 이것만으로는 부족하다. 머지않아 경쟁적인 과정에 돌입하거나 문제를 해결하는 과정에서 그 사람의 본연의 모습이 나타나기 때문이다. 그 사람의 과거(행동했던 방식)는 그 사람

자체를 말해준다.

성품 계발이 먼저다

성격윤리가 나쁘다거나 문제가 있다는 것도 아니다. 중요한 것은 1차적인 성품윤리 위에 성격윤리가 보탬이 되어야 한다는 것이다.

네 종류의 사람이 있다고 가정해 보자.

첫째는 성품도 좋고, 성격도 좋은 사람이다. 아주 훌륭한 인격을 가진 사람으로 누구에게나 존경을 받을 만한 리더가 될 것이다.

둘째는 성품은 훌륭하나 성격이 좋지 않은 사람이다. 나쁜 짓을 하지 않는 사람이지만 타인과의 관계에서 서툴거나 자기관리가 잘 되지 못하는 사람을 말한다. 이런 사람은 공감능력도 떨어져 타인을 배려하려는 행동은 기대하기 어렵다. 전문직을 가진다면 다행이지만 타인과 교류를 통해 일하는 데서는 성공하기 어렵다.

셋째는 성품은 나쁘고 성격이 좋은 경우다. 이런 사람이 조직의 리더가 된다면 어떤 일이 생길지 생각만 해도 끔찍하다. 이들은 자신의 야망을 숨기고 권모술수에 능하며, 경쟁자로 여겨지는 사람이 나타나면 정치적인 적으로 만들어 제거할 확률이 높다. 자신의 야망을 위한 선택으로 원활한 자신의 성격을 활용할 것이다.

마지막으로 성품도 성격도 나쁜 사람이다. 이런 사람은 굳이 말할 필요도 없다.

네 종류의 사람 중에 세 번째에 해당하는 성품은 나쁘고 성격은 좋은 사람은 권모술수에 능한 사람들이 많다. 이런 사람이 리더가 되면 많은 문제가 발생된다. 좋은 성격으로 못된 성품에 포장을 잘하기 때문이다. 겉보기에 성공한 사람이고 영향력을 주는 사람으로 보이지만, 진심으로 그들을 따르는 이는 드물다. 팔로워들은 그의 권위가 떨어지면 언제든지 떠날 준비가 되어 있다. 성품이 바탕이 되지 못하는 겉치레식 치장이나 임기응변에 능한 사람은, 내면적으로도 자신을 진정한 행복으로 이끌어주지 못한다.

용기와 자신감

리더란 자기 조직의 정체성과 현재 위치를 파악하고 미래를 설계한 후 이를 실행하는 사람이다. 아무리 철저하게 설계된 미래라 할지라도 그 미래에 도달하기 위해서는 많은 변수들이 존재한다. 그 불확실한 변수들은 리더나 조직원들에게 불안감과 두려움이 된다. 그들은 긍정적 미래를 얻기 위해 대안을 제시하고, 그중에 가장 적합한 것들을 선택하지만, 선택이 주는 결과가 항상 긍정적이지만은 않다.

이 때문에 리더나 구성원은 선택을 주저한다. 아무것도 선택하지 않고 현재 상태에만 머물러 있는 것이 상수는 아니다. 오히려 선택하지 않는 것이 가장 악수가 될 수 있다.

리더는 자신의 선택이 조직 전체에 피해를 줄 수 있다는 생각 때문에 선택 자체가 고통이 된다. 리더를 따르는 한 사람이 A안을 지지하고 다른 사람은 B안을 지지한다면 조직에 다양성이 있다는 좋은 증거다. 나름대로 필요성과 명분이 있겠으나 그들은 대안을 내놓는데 그칠 뿐, 최종 선택은 대부분 리더가 한다.

리더라면 용기 있는 결단이 필요하다. GE의 경영자였던 잭 웰치는 리더에게 필요한 네 가지 요소를 4E라고 말한 바 있다. 4E란 실행(Executive), 열정(Energy), 동기부여(Energize), 결단력(Edge)이다. 이 중 결단력을 상징하는 Edge는 용기를 뜻하며, 잭 웰치는 용기란 아무것도 보이지 않는 어둠 속을 걷는 것이라고 표현했다. 리더는 이런 상황에서도 결단을 내려야 하는 사람이고 그 결단에 대해 책임도 져야 하는 위치에 있다.

다음은 용기에 대한 개념과 조직에 용기를 불어넣은 방법에 대한 설명이다.

용기에 대한 개념
① 용기란 책임감을 받아들이는 것이다.
② 용기란 올바른 목적을 위해서 리스크를 감수하고 다른 사람들을 격려하는 것이다.
③ 용기란 안전지대를 벗어나는 것이다. 다른 말로 두려움의 벽을 경험하는 일이다.
④ 용기란 자신이 생각하는 바를 솔직하게 표현하고 원하는 것을 요구하는 일이다.

⑤ 용기란 믿는 바를 달성하기 위해 투쟁하는 것이다.

용기를 불어넣는 방법

① 미래에 대한 꿈이 구체적이고 생생하며 가슴이 두근거릴수록 이를 실천하고자 하는 마음은 커진다. 커다란 이상과 꿈을 갖고 실천하는 사람들은 용기를 낸다. 용기를 불어넣은 것은 미래에 대한 꿈을 꾸게 만드는 것이다.

② 상대방의 격려는 용기를 강화시킬 수 있다. 용기를 강화해주는 사람들은 팔로워일 수도 있고 멘토가 될 수도 있다. 자신을 지지해주는 주변의 동료가 많을수록 리더는 더 많은 용기를 낼 수 있다.

③ 좌절과 분노는 자신을 망친다는 사실을 인식하고 새로운 변화를 모색해야 한다. 미래를 향해 추진해 나아가는 과정에서 많은 지지자들로부터 칭찬을 받을 수도 있지만, 반대파들로부터 부정적인 지적을 받을 수 있다. 이런 과정에서 리더는 절대 좌절하거나 분노해 감정을 노출하는 일을 삼가야 한다. 그런 감정의 흔들림은 오히려 지지자들의 불안감을 조장할 수 있다.

④ 냉정함을 잃는 것은 긍정적인 결과를 가져오는 데 도움이 되지 않는다. 리더는 개인적인 업무를 하는 자리가 아니다. 조직의 일을 추진하는 사람이다. 그런 위치의 사람이 개인적인 감정에 치우치거나 이성을 잃는 행동은 도움이 되지 않는다.

용기와 자신감

용기와 자신감의 차이는 무엇일까? 그리고 리더에게 필요한 자질로는 용기가 더 중요한가, 아니면 자신감이 더 중요한가?

용기는 한 번도 가지 않은 길을 가는 것이다. 초행길을 가는 사람에게는 무한한 용기가 필요하다. 리더는 한 번도 가보지 못한 길을 가는 경우가 대부분이다. 따라서 결론적으로 용기 있는 자세가 필요하다고 할 수 있다.

리더의 용기 있는 행동들이 모여 하나하나 경험이 쌓이면, 나름대로 축적된 노하우를 가지고 조직을 운영하게 된다. 그런 경험에서 우러나오는 것이 직감이 되고 통찰력이 된다. 리더에게 자신감이란 용기에 비해 그를 따르는 사람들에게 안도감을 준다. 리더의 자신감 있는 행동은 반드시 이룰 수 있다는 확신을 주기 때문이다.

리더가 자신감을 가지기 위해서는 많은 지식을 습득해야 하고, 직·간접적으로 경험을 많이 해야 한다. 조직이 항상 같은 방식으로 운영되어야 한다는 법은 없지만, 과거 리더의 비슷한 경험은 자신감 있는 리더의 행동을 이끌어낸다.

감성지능

대니얼 골먼은 인간이 사회적으로 성공하기 위해 필요한 요소로, 기존의 지능지수보다는 감성지수가 더 큰 영향을 준다고 주장했다.

그 후 감성지수는 리더의 리더십에도 영향을 주는 변수로 발전했으며, 감성 리더십을 발휘하기 위한 요인을 크게 네 가지로 나누었다.

첫째, 자신의 감정 및 능력 그리고 한계점을 정확히 이해해야 하며, 이를 바탕으로 자신을 객관적으로 다스릴 수 있는 자기 인식능력이 높아야 한다.

둘째, 자신의 감정과 욕구를 정확히 파악하고 제어 및 통제를 할 수 있어야 한다.

셋째, 타인들의 소리와 표정을 통해 타인의 감정 상태를 읽을 줄 알며 공감할 수 있는 능력이다.

넷째, 타인들을 조직의 비전이나 가치에 공감할 수 있도록 인솔하며 그들을 올바른 방향으로 이끌어 공동의 목적을 달성할 수 있도록 영향력을 행사하고 협력 및 헌신을 이끌어내는 사회적 기술능력을 말한다.

소프트 스킬

한치 앞도 예측하기 어려운 미래로 이끌어가야 하는 리더의 자질 중 하나로 소프트 스킬의 중요성이 강조되고 있다. 과거 산업사회에서는 절대적으로 하드 스킬이 필요한 사회였다. 그런 이유로 이공계가 우대를 받았다. 하지만 정보기술의 발달은 인간이 하던 일들을 기계로 대체되거나 아웃소싱하면서 하드 스킬에 대한 필요성이 점점 감소되었다.

새로운 미래사회는 하드 스킬과 소프트 스킬이 조화를 이룬 사회가 될 것이라는 토머스 프리드먼의 예견처럼, 지식사회로 들어갈수록 하드 스킬과 소프트 스킬이 첨가된 인재가 필요하다는 것을 자각하기 시작했다. 미래학자 다니엘 핑크도 창의성과 우측 뇌성향이 강한 인재의 필요성을 말하면서 소프트 스킬의 중요성을 강조했다.

소프트 스킬의 개념

하드 스킬(Hard skill)은 해당 직무를 수행하는 데 있어 필요한 기술적인(Technical) 요구사항을 말한다. 하드스킬은 전공에 대한 능력이며 얼마나 열심히 학습했는가에 따라 숙련의 정도가 다르다.

반면 소프트 스킬(Soft skill)은 자기와 타인을 다루는 능력으로 직무를 수행할 때 필요한 전공 기술 이외의 기술을 말한다. 즉 업무 수행에 반드시 필요한 것이라기보다는 이를 습득함으로써 훨씬 더 큰 성과를 올릴 수 있는 것을 의미한다. 프레젠테이션, 회의관리, 회의록 작성, 팀원 간의 갈등관리, 문제해결력 등으로 표현되는 커뮤니케이션 능력이 그것이다. 또한 자기관리 능력이나 리더십 등도 소프트 스킬이다.

한편 위키피디아에서는 소프트 스킬을 개인적 자질로 책임감, 자존감, 사회성, 자기 관리, 정직, 인간관계 등으로 설명하고 있으며 팀 구성원으로서 참여하기로 다른 사람을 가르치기, 고객 섬김, 리더십, 협상력, 다양한 문화를 받아들이는 것으로 정의하고 있다. 소프트 스킬은 학습에 의해 취득하기 어려운 능력이지만 훈련으로 습득이 가능하다.

소프트 스킬의 중요성

처음 조직에 들어가게 되면서 많은 소프트 스킬을 강요하지는 않는다. 처음에는 대부분 하드 스킬을 연마하도록 업무를 준다. 하위 직급일수록 단순한 업무를 처리하지만 업무의 숙련도가 높아지고 전체의 윤곽을 잡을 수 있는 정도가 되면 점점 그 사람의 업무 범위가 확대되는 것을 느낄 수 있다. 특히 기업이 수평조직이 될수록 구성원들의 소프트 스킬이 업무 성과에 절대적인 영향을 미치고 직위가 오를수록 그중요도는 커진다. 이공계인들이 실무자일 때는 대접을 받다가 직위가 올라가면서 상대적으로 밀리는 이유는 이러한 소프트 스킬의 부족에서 원인을 찾을 수 있다. 소프트 스킬은 리더로서 가져야 하는 마음의 균형과 철학, 직감 등으로 다른 어떤 역량과 대체할 수 없는 것이기 때문이다.

세계적인 국제문제 전문가이자 칼럼니스트인 토머스 프리드먼은 저서 《세계는 평평하다》에서 리더에게 필요한 소프트 스킬의 중요성을 잘 설명하고 있다.

① 다른 사람들과 어려움이 없이 협업을 잘 하는 사람
② 뿔뿔이 흩어진 사물을 잘 정리하는 종합 능력이 뛰어난 사람
③ 복잡한 일을 단순화시키는 데 능한 사람

④ 인간의 아이디어와 컴퓨터의 능력을 잘 융합할 줄 아는 사람
⑤ 계속해서 배우고 발전할 수 있는 적응력이 높은 사람
⑥ 환경적으로 지속 가능한 시스템을 구축하는 엔지니어
⑦ 밋밋한 일에 맛을 더하는 능력을 갖춘 사람
⑧ 글로벌 기술을 주어진 환경에 성공적으로 적응시키는 능력이 있는 사람

소프트 스킬 향상법

소프트 스킬을 높이는 방법 중 하나는 타인과 비교활동을 통해 향상시킬 수 있다. 과외 활동, 동아리 활동, 아르바이트 등을 통해 타인이 업무를 수행하는 과정을 보면서 직접적인 업무 외에 소프트 스킬이 업무의 성과에 긍정적 영향을 미친다는 사실을 인지하고 비교하면서 향상 가능하다. 또한 조직적이고, 계획적 능력을 개발시키며 대인 관계 능력도 얼마든지 향상시킬 수 있다.

소프트 스킬의 문제점

소프트 스킬은 특성상 측정하기도 어렵고 단기간에 습득하기도 어렵다. 남을 배려하는 성격은 필요하지만 이를 측정한다거나 습득이 쉽지 않다는 것이다. 이러한 소프트 스킬은 그 사람의 인생관이나 생활습관과도 밀접한 관계가 있으며 이는 각자의 넓은 독서와 사고를 통해 인생철학을 확립하는 것과 올바른 생활태도를 만들어 가는 것이 중요하다고 할 수 있다.

소프트 스킬은 다양성에 대한 인정이며 상대에 대한 존중이다.

프랑스의 계몽주의 작가 볼테르는 소프트 스킬을 '똘레랑스'로 표현하면서 이렇게 말했다.

"나는 네가 말한 것을 비난하지만, 그것을 말할 네 권리를 나는 죽을 때까지 지키겠다."

이는 자신과 타인이 정치, 종교, 도덕, 학문, 사상, 양심 등의 영역에서 의견이 다를 때 논쟁은 하되 물리적 폭력에 호소하지는 말아야 한다는 이념을 말한다.

리더의 열정

리더의 가장 강한 경쟁력은 열정이다

열정이란 어떤 일에 열렬한 애정을 가지고 열중하는 마음을 말한다. 리더에게 이러한 열정이 없다면, 자신은 사랑하지 않으면서 타인에게 사랑을 강요하는 것과 같다.

인류 역사상 열정 없이 이루어진 위대한 일은 하나도 없다. 탁월한 리더들은 하나같이 자기 일에 대해 용암처럼 솟구치는 열정을 가지고 있으며 그 열정이 조직 전체를 끓어오르게 만든다. 리더에게 필요한 자질 중 마지막을 열정이라고 말하고 싶다.

어떤 인터뷰에서 GE의 경영자 잭 웰치에게 CEO의 가장 중요한 자질은 무엇인지 한 단어로 말해달라고 사회자가 주문하자, 잭 웰치는 이렇게 대답했다.

"열정입니다."

그는 왜 열정을 언급했을까? 자신은 열정적으로 일하는데 직원은 그렇게 하지 않아 자기처럼 열정적으로 일을 했으면 하는 바람인가?

일반적으로 열정적인 사람은 적극적이며 더 많은 일을 한다. 열정은 몰입과 비슷하다. 열정은 다른 생각을 하지 않고 일에만 집중하는 것이다. 열정적으로 일을 할 때와 그냥 할 때 일의 결과는 차이가 나기 마련이다. 열정적으로 일을 하는 직원들의 성과는 양적으로는 늘어나고 질적으로 더 완벽해진다.

잭 웰치가 바라는 것처럼 직원들이 열정적으로 일을 하기 위해서는 우선 일이 즐거워야 한다. 그리고 일에 대한 확실한 보상이 뒤따라야 한다. 이 두 조건이 충족되면 사람들은 열정적이 된다. 하지만 두 조건은 자기 본인의 일을 하지 않는 이상, 회사가 만들어줘야 한다.

리더가 열정적이 된다는 말은 직원들이 자신의 일을 좋아하고 열정적으로 일을 할 수 있도록 환경을 만드는 일에 열정을 쏟는 일이다.

잭 웰치는 열정에 대해 이렇게 말했다.

"너무 사소해서 땀 흘릴 만한 가치가 없는 일은 존재하지 않는다. 실현되길 바라기엔 너무 큰 꿈도 존재하지 않는다. 기억하라, 열정은 천재의 재능보다 낫다. 열정은 당신의 최고 경쟁력이다."

조화열정과 강박열정

그런데 리더가 어떠한 열정을 가지느냐에 따라 리더 자신의 삶에 긍정적인 영향을 주기도 하고, 부정적인 영향을 주기도 한다. 열정에는 두 가지 종류의 열정이 있다.

조화열정(Harmonious passion)은 좋아하는 활동이 개인적인 중요한 의미를 가지면서 이에 집착하지 않고 삶의 또 다른 측면과 균형을 이루는 열정이다. 강박열정(Obsessive passion)은 좋아하는 활동을 통해 쾌락이나 자존감 등 다른 무엇인가를 얻으려는 수반성을 가진 열정으로, 정체성에서 열정이 차지하는 공간이 너무나 커 개인은 이 활동에서 강박적으로 집착하게 된다.

열정이란 우리 조직사회에 진정 강조되어야 할 리더의 덕목이며 자질이다. 그리고 형태에 따라 통찰력을 주는 주제임에 틀림없다. 특히 지금처럼 워라밸(Work & life balance)을 강조하는 시기에는 더욱 그러하다. 지난 몇 년 동안 우리 조직사회는 조직원이 조화열정보다는 강박열정으로 무장하기를 바랐다. 어느 한 가지에 미치지 않으면 안 되는 것처럼 열정을 강요했으며, 그 열정이 아무리 고통스럽다고 해도 그 열매의 단맛을 위해 열정을 종용했다. 그리고 성공을 위해서는 열정이 필수항목인 것처럼 묘사되고, 열정 없는 사람은 마치 결함이 많은 사람처럼 치부하기도 했다. 이 모든 열정은 조화열정이 아닌 강박열정이었다.

열정은 리더로서의 성공에 강력한 동기적 요소다. 강박열정은 삶의 다른 부분과의 갈등, 기본심리욕구의 불충분 등 삶의 긍정적인 부분보다 부정적인 결과를 초래한다는 연구결과가 있다. 또한 강박열정이 조화열정보다 우월하지 않으며, 조화열정은 삶을 풍요롭게 할 뿐만 아니라 성공적인 업무 수행에도 긍정적인 것으로 나타났다.

열정이란 자율성, 유능성, 관계성이라는 인간의 기본적인 심리욕구를 만족시키기 위해 하는 활동이다. 그러한 여러 활동 중에 특히 선호하는 활동에 몰두하게 되고 정체성에 내면화시키면서 이것이 열정으로 발전한다.

내면화 과정이 기본 욕구를 만족시키는 자율적인 방식으로 이루어지면 조화열정이 발달하게 되고, 기본심리욕구를 위협하는 통제된 방식으로 이루어지면 강박열정이 발달하게 된다.

이는 곧 리더가 자신의 일을 즐겁게 하고 있느냐의 문제와 자신의 업무 수행에 따른 적절한 보상이 이루어지고 있는가에 따라 조화열정으로 변할 수도 있고 아니면 강박열정으로 변할 수도 있다. 또한 어떠한 방식으로 직원들을 동기부여 하는가에 따라 그들이 받아들이는 열정 방식도 달라진다.

연구결과 자존감이 높은 사람은 조화열정이 높은 것으로 나타났고, 강박열정은 자존감이 낮은 사람에게서 나타나거나 상관성이 없는 것으로 나타났다. 강박열정은 다른 활동을 해야 할 때에도 열정 활동을 멈추려 하지 않은 집착으로 인해 열정에 투자하는 시간이 많다.

즉 강박열정이 강한 리더는 자신의 자존감 회복을 위해 열정적으로 일을 하고 업무를 완성시키기 위해 시간도 많이 투자하고 있다고는 할 수 있으나, 자신의 행복감과는 무관한 열정을 보이고 있다는 점을 알아야 한다.

4장
리더십 트리와 조직상황별 리더십

리더십 트리

 리더십은 나무 한 그루와 같은 모양을 하고 있다. 여러 개의 뿌리를 가지고 리더의 기본적인 자질의 양분을 모은다. 나무의 줄기는 뿌리에서 얻은 양분을 잎과 열매를 맺을 수 있도록 운반하는 기능을 담당한다. 이는 리더십을 발휘하기 위한 동기부여와 관련한 사항이다.
 동기부여 방식은 리더십에서 크게 두 가지로 분류가 된다. 하나는 변혁적 리더십이고, 또 하나는 거래적 리더십이다. 이 두 개의 리더십이 조화를 이루어 다른 어떤 리더십이든지 리더십의 꽃을 피우게 된다.
 그리고 나무의 꽃에 해당되는 것은 각각의 상황에 따른 리더십의 종류를 말한다. 그 리더십이 제대로 구현되어 나타나면 거기에 맞는 리더십 열매가 맺히게 되는 구조다.

즉, 어떤 리더든 리더의 기본적인 자질을 함양해야 하고, 변혁적 리더십과 거래적 리더십을 활용해 우리 상황에 맞는 리더십을 구현해야 올바른 리더십을 발휘할 수 있다.

사람을 움직이는 두 개의 축

태양과 바람이 사람의 옷을 벗기는 내기를 한 우화에서 우리는 리더십에 대해 알 수 있다. 사람을 힘으로 움직일 것인가, 사람이 스스로 움직이게 할 것인가? 변혁적 리더십에서 답을 알 수 있다.

변혁적 리더십

변혁적 리더십이란 무엇인가?

변혁적 리더십은 구성원들의 마음을 움직이는 데 있어 힘보다 이성과 감성을 활용해 그들의 공감을 이끌어내는 리더십이다. 현재의 상황을 인지하고 미래를 설정한 후에 이끌어간다. 그 영향력의 방법으로 조직 구성원들의 공감을 이끌어내어 스스로 가도록 만드는 리더의 행동이다. 이것이 변혁적 리더십의 핵심이다.

변혁적 리더십 사례

미국의 인권운동가 마틴 루터 킹 목사의 연설내용은 전형적인 변혁적 리더십의 모습이다. 마틴 루터 킹 목사의 연설 내용을 요약하면 다음과 같다.

"나는 흑인으로 태어났다. 하지만 나는 흑인을 선택한 적이 없다. 그런데 흑인으로 태어났기에 나는 식탁에서 밥을 먹지 못한다. 어떤 아이는 백인으로 태어났다. 그들은 백인으로 태어나는 것을 선택한 적이 없다. 그런데 그들은 식탁 위에서 포크와 나이프를 사용하며 우아하게 식사를 할 수 있다.

과연 현재의 이 모습이 우리가 지향하는 궁극적인 모습인가?

나는 아니라고 생각한다. 그래서 나는 꿈을 꾼다. 적어도 우리 후손들이 살아갈 이 땅은 그들의 피부색이 다르다고 차별을 받거나, 그들의 태어난 곳이 남부냐 북부냐에 따라 차별을 받는다거나 그들의 종교가 다르다고 차별받는 세상이 아니다.

우리가 후손에게 물려주고 싶은 세상은 어쩔 수 없는 상황 때문에 차별받는 세상이 아니라 자신의 능력과 품성에 따라 인정받고 또한 노력 여하에 따라 얼마든지 성취할 수 있는 평등한 세상을 물려주는 것이다. 그래서 나는 항상 그런 꿈을 꾼다."

이 연설을 들은 많은 사람들이 열광했고 그러한 미래를 만들기 위해 동참했다.

이처럼 변혁적 리더십은 구성원들이 가장 갈구하는 것을 명확하게 파악하고 그것이 이상적으로 실현된 모습을 그린 후, 실행해 나아갈 수 있도록 영향력을 행사하는 것이다. 그리고 구성원의 공감을 얻어내는 것이 가장 중요하다. 구원성의 공감을 얻는 방법은 감성적이든 이성적이든 상관없다.

변혁적 리더의 행동요령

변혁적 리더십은 다음과 같은 행동들을 함으로써 기대 이상의 업적을 얻을 수 있다고 바스(Bass)는 주장했다.

첫째, 이상적인 목표의 가치와 중요성에 대한 구성원의 의식수준을 끌어올릴 것.

둘째, 구성원이 자신들의 조직과 그들이 소속된 팀을 위해 자신들의 이익을 초월하도록 할 것.

셋째, 구성원이 보다 높은 수준의 욕구에 관심을 가지도록 유도할 것.

변혁적 리더십의 구성요소

구성원의 행동을 이끌어내는 방법은 자신이 진심으로 좋아하는 일을 하도록 하거나, 그동안은 잘 알지 못했지만 자신이 하고 있는 일의 가치를 깨닫게 하는 경우다. 또한 그 일을 시키는 사람이 매우 존경스럽거나 역할 모델이 된다면 생각과 행동 간의 거리는 무척 좁아진다. 이처럼 변혁적 리더십은 구성원들의 이성이나 감정을 자극하고 마음을 움직여 동기를 부여해주는 리더십이다. 그리고 구성요소는 다음과 같이 네 가지로 구분할 수 있다.

① 이상적 영향력(Idealized influence)

이상적 영향력은 '카리스마'라고 불리기도 하며, 구성원에게 강력한 역할 모델이 되는 리더십을 말한다. 그들은 리더를 닮길 원하며 동일시하기도 한다. 일반적으로 리더는 도덕적·윤리적으로 높은 기준을 가지고 있으며 항상 올바른 일을 하는 것으로 간주된다. 리더는 그의 구성원에게 비전과 사명감을 심어주며, 구성원은 강한 신뢰감으로 리더를 따르려 한다. 또한 리더를 향한 존경심이 너무 강하기 때문에 따르지 않으면 안 되는 무언가를 느끼는 힘이 존재한다.

② 지적 자극(Intellectual stimulation)

지적 자극은 조직 구성원의 아이디어나 혁신적인 마음을 자극해 자신의 신념 및 가치뿐 아니라 리더와 조직의 신념까지도 새롭게 바꿔 나가려고 노력하는 리더십이다. 이런 유형의 리더십은 조직 구성원이 문제를 다룸에 있어 혁신적인 방법을 개발하도록 새로운 시도와 접근방법을 지원한다. 그리고 그들이 스스로 판단을 내리도록 유도하며 신중히 문제를 해결할 수 있도록 도와준다. 택배회사의 리더는 현장 관리자에게 자신의 효율적인 배달 업무를 위해 기존 방식에서 벗어나 새로운 경로를 만들거나 통합 재구성할 수 있도록 코칭해 주는 것을 예로 들 수 있다.

③ 개별적 배려(Individualized consideration)

개별적 배려는 리더가 업무적인 부분에 대한 관심 이외에 구성원 개인의 욕구에도 세심한 관심을 기울이고 지원적 분위기를 조성하려는 자세라고 할 수 있다. 리더는 구성원 개개인이 자신의 업무에 숙련이 될 때까지 코칭 및 조언자로서의 역할을 수행하는 것을 말한다. 리더는 어떤 부하에게는 권한을 위임하면서 우호적으로 대하기도 하지만 어떤 부하에게는 하나하나 구체적인 지시를 내리기도 한다. 이러한 사례는 조직 구성원 개개인을 돌보는 데 많은 시간을 할애해야 하는 관리자에서 예를 찾을 수 있다.

④ 영감적 동기부여(Inspirational motivation)

영감적 동기부여는 구성원들에게 높은 기대를 표시하면서 그들 간의 공유된 비전을 실현하는 데 최선을 다하도록 부하들을 격려하고 의욕을 북돋워주는 리더를 묘사한 말이다. 리더는 그들의 목표를 달성시키기 위해 '백범 기념관에 가서 참배'를 하는 등 상징적인 행동을 하기도 하고, "우리가 남인가? 함께 살아가야 하는 동포가 아닌가?"라는 말로 감성적인 호소를 하기도 한다. 단체 정신(Team spirit)을 외치면서 팀의 목표 달성을 외치거나 "One for All, All for One" 등의 고무적인 말로 자기 이상의 능력을 발휘할 수 있도록 동기부여하고 격려하는 것이다.

거래적 리더십

조직 내 구성원들은 물론 인간을 움직이는 커다란 두 개의 힘이 있다. 그 힘 중에 하나는 공포라는 것이고 나머지 하나는 이익이다.

사람을 공포로 몰아넣으면 하기 싫은 일도 하게 된다. 우리는 영화에서 자신의 목적을 달성하기 위해 인질을 잡고 고문을 하거나 총으로 협박을 하면서 인질에게 나쁜 행동을 강요하는 것을 종종 볼 수 있다. 아무리 하기 싫은 일이라도 고문에 못 이기거나 협박에 의해 그 일을 하게 된다.

한편 사람은 자신에게 이익이 되는 일이면 그 일에 열중하게 된다. 그 이익이 크면 클수록 집중도도 높아지게 되고 더욱 몰입하게 된다. 거래적 리더십은 바로 이것이다. 조직 구성원들에게 성과를 달성했을 때의 이익을 미리 알림으로써 기꺼이 그 업무를 해낼 수 있도록 이끄는 것이다. 그리고 조직의 규율을 위반했을 때, 그 조직에서 정한 규정에 따라 처벌하는 것을 말한다. 따라서 거래적 리더십은 크게 두 가지로 나눈다. 하나는 성과가 났을 경우 철저하게 '성과에 따른 보상'을 하는 것이며, 하나는 조직 내 규율을 위반했을 때 처벌을 가하는 '예외관리'를 말한다.

성과에 따른 보상

거래적 리더십은 '성과에 대해 철저하게 보상'해 동기를 부여하는 리더십이다.

국회의원 선거에 출마한 후보가 자신을 당선시켜 달라고 호소하는 것이 전형적인 거래적 리더십이다. 만약 자신을 당선시켜주면 지역구 내에 뉴타운을 건설하겠다고 국민들과 약속을 한다. 국민들은 뉴타운이 들어서면 지역의 부동산이 상승함으로 인해 재무적 이익을 얻을 수 있다는 기대감으로 그 국회의원을 뽑아준다. 즉 국민과 국회의원은 서로 거래를 하고 있는 것이다. 선거 결과 당선이 되었다면 그 국회의원은 반드시 공약을 이행해야 한다. 그것이 성과에 따른 보상이다. 만약 당선을 되었으면서 공약을 실천하지 않는다면 그 국회의원은 공약을 남발한 거짓말쟁이로 찍히면서 다음 선거에서 국민들의 표를 얻기 힘들 것이다.

다른 예로 기업 경영자는 새로운 프로젝트를 알리면서 그 프로젝트가 성공이 되면 모든 직원들에게 일정한 금액의 인센티브를 주겠다고 약속을 한다. 직원들은 그 인센티브를 받기 위해 열심히 일을 할 것이다. 결국 성과를 달성했는데 경영자가 인센티브를 주지 않는다거나 약속했던 금액보다 적게 준다면 직원들은 실망하고 차후에는 경영자의 말을 신뢰하지 않는다.

성과에 따른 보상은 '리더와 구성원 사이의 교환과정'을 가리킨다. 리더는 구성원들에게 과업이 무엇인지 제시하고 수행하는 사람들에게 주어지는 보상에 대해 합의를 얻어내려고 노력한다. 그 결과 성과가 났을 때 리더는 철저하게 약속을 지키는 것이 매우 중요하다. 그것이 서로 간의 신뢰를 통해 차후의 영향력에 커다란 영향을 주기 때문이다.

예외관리

조직생활을 하다 보면 모든 구성원들이 착실하게 근무하는 것은 아니다. 자의든 타의든 타인을 모함하는 사람도 있고, 때로는 조직의 자금을 개인의 용도로 사용하는 직원도 생길 수 있다. 만약 이런 직원을 발견하면 어떻게 해야 할까? 위반의 정도에 따라 다르겠지만 처벌하는 것은 당연한 일이다. 만약 그 행동이 조직의 근간을 해치는 일이라면 기꺼이 해고하는 일도 있을 수 있다. 이것이 바로 '예외관리'라는 거래적 리더십의 두 번째 구성요소다.

예외관리는 리더의 반응에 따라 두 가지 형태를 취한다. 하나는 구성원의 실수나 잘못을 빈틈없이 지켜보다가 그때그때 조치는 취하는 적극적 형태와, 평소 구성원들과 업무성과에 대해 이야기하지 않다가 평가 시즌이 되어 나쁜 점수를 주는 감독자적인 리더십을 보이는 소극적 형태가 그것이다.

이 두 가지 형태는 상황에 따라 다르게 접근하는 것이 필요하다. 적극적 예외관리는 구성원들이 어떻게 행동하는지 일일이 감시하면서 신속하게 교정을 하기 때문에 숙련이 덜 된 직원들에게 필요한 경우가 많다. 소극적 예외관리를 하는 리더는 평소 구성원들의 행동에 개입을 하지 않다가 기준에 미달하거나 문제가 수면 위로 떠오르면 그때 개입을 하기 때문에 어느 정도 역량이 있는 직원들에게 적용하는 경우가 많다.

가장 강력한 예외관리 규정을 적용시키는 경우는 해고를 하는 것이다. 조직의 성과나 이미지에 막대한 영향을 끼친 사람은 철저하게 응징함으로써 다른 구성원들에게 본보기로 삼는 것도 필요하다. 아무리 서번트 리더십이 유행을 하고 감성 리더십 발휘가 중요하다고 하지만 조직이 지속성을 가지기 위해서는 원칙에 입각한 처벌도 필요하다는 것을 리더는 알아야 한다.

거래적 리더십과 변혁적 리더십의 조화

대부분의 모든 리더는 조직 구성원을 움직이기 위해 위의 두 가지 리더십이 필요하다. 즉 거래적 리더십과 변혁적 리더십을 통해 사람의 마음을 움직이고 조직의 비전을 실현해 나아간다. 따라서 거래적 리더십과 변혁적 리더십을 조직을 움직이는 두 개의 축이라고 할 수 있다. 따라서 어떤 리더십도 이 두 개의 리더십이 조화를 이루어 다른 리더십을 형성한다는 말이다. 이를테면 임파워링 리더십도 거래적 리더십과 변혁적 리더십이 합해져 만들어진 리더십이며, 서번트 리더십도 결국은 이 두 리더십의 조화로 만들어진 리더십이다.

이 두 리더십이 결합해 성과를 내는 과정은 다음과 같다.

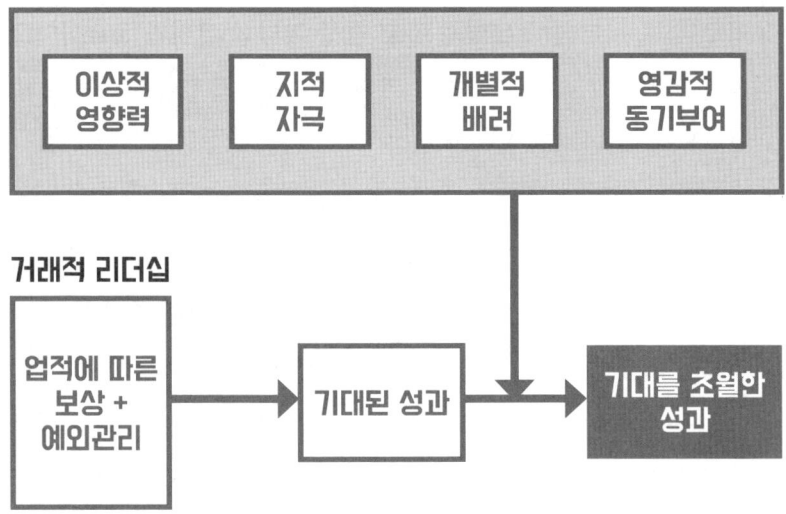

출처: Bass. B. M. & Avolio. B. J(1990). "The Implications of Transactional and Transformational Leadership for Individual, Team and Organizational Development", Research in Organizational Change and Development 4, 231-272.

따라서 변혁적 리더십만으로 구성원의 마음을 움직일 수 있는 것이 아니며, 거래적 리더십만으로도 부족하다. 거래적 리더십의 바탕 위에 변혁적 리더십이 가미되어야 기대를 초월한 성과를 이룰 수 있다.

제3의 리더십

모든 조직에 완벽하게 일치할 수는 없겠지만, 대부분 거래적 리더십과 변혁적 리더십, 두 가지의 리더십이 조화를 이루면서 발현이 된다.

그런데 어떤 조직은 아무리 거래적 리더십과 변혁적 리더십을 발휘하려고 해도 구성원들이 움직이려 하지 않는 조직이 있다(근본적으로는 이 조직도 거래적 리더십과 변혁적 리더십의 지배를 받는 것은 일치한다. 다만 표면상으로 이렇다는 것이다). 그들에게 어떠한 움직임을 요구하려 하면 규정과 법적 근거 그리고 선례를 요구한다. 이들은 바로 공무원 같은 공조직이다. 그들은 어느 나라를 막론하고 거래적 리더십과 변혁적 리더십의 지배를 덜 받는다. 오직 규정과 규칙 그리고 다른 공조직에서 선행되었던 근거를 가지고 움직인다.

따라서 이런 공공조직에서 나타나는 특이한 형태의 리더십은 다른 조직에 적용되는 리더십과 많이 상이해 제3의 리더십이라고 칭한다.

조직상황별 리더십

우리나라의 어느 대통령 후보가 선거를 치루기 전에 자신은 국민을 섬기는 대통령이 되겠다고 말하면서 섬김의 리더십을 말한 적이 있다. 대통령이 되고 나자 공조직에서는 섬김의 리더십, 즉 서번트 리더십이 유행을 했다. 또한 일반 기업에도 전파가 되면서 서번트 리더십은 2002년 코칭 리더십 이후 대유행이 될 것으로 예상되었으나 하지만 금세 그 열기는 시들어 버렸다. 그 이유는 서번트 리더십은 모든 조직에 적용되는 리더십이 아니기 때문이다. 특히 서비스 조직이 아닌 제조업 중심의 조직에는 서번트 리더십의 유효성이 떨어진다는 연구결과도 있고, 서번트 리더십이 효과성을 발휘하기 위해서는 그 조직 자체의 성숙도가 높아야만 한다. 그러나 그런 속사정을 모르는 사람들은 모든 조직에 서번트 리더십을 적용하려 했다. 이는 마치 스포츠카의 바퀴에 경운기 타이어를 끼우는 꼴이다.

조직의 경영환경은 달라지고 있다. 또한 환경에 적응하고자 노력하면서 취하는 태도에 있어 조직마다 당면한 상황이 있기 마련이다. 이런 이유로 조직의 문화, 구조, 성숙도, 개인들의 가치관 그리고 행동 양식에 따라 리더십의 스타일도 달라져야 한다. 다음은 조직의 형태에 따라서 달라져야 하는 리더의 스타일에 대한 대표적인 리더십들이다.

변화와 혁신의 리더십

가장 어려운 변화혁신 리더십

우리는 위기의 상황에서 변화를 시도하는 것이 아니라, 평소 변화를 이루어 위기를 극복하는 것이 현명한 것이라고 배웠다. 어떤 문제가 발생하기 전에 먼저 예측하고, 미리 예방하는 것이 중요하다는 것을 말해 준다. 조직은 변화만이 살 길이라는 것을 알고 있다. 그런데 막상 변화와 혁신을 위한 준비태세를 갖추려 하면 갖은 이유를 대면서 거부한다. 변화가 긁어 부스럼이 되면 누가 책임을 질 것이며, 변화의 결과가 성과로 이어진다는 보장이 없다는 이유 때문이다.

이러한 이유로 변화관리 리더십이나 혁신의 리더십의 중요성은 잘 알고 있지만, 적용은 힘들었다. 조직들은 어느 정도 쇠락의 길에 들어가 있어야만 혁신에 대한 생각을 가진다. 절실함이 없으면 변화도 혁신도 없다는 말이다. 따라서 변화를 꾀하고자 하는 리더는 아래 메시지를 명심해야 한다.

"조직의 문제는 질병과 닮았다. 초기에는 증상이 잘 보이지 않지만, 찾기만 한다면 금세 치료가 가능하다. 하지만 말기가 되면 증상은 금세 나타나 찾기 쉽지만 치료가 힘들다."

변화혁신 리더십의 전개법

리더가 변화와 혁신의 리더십을 발휘하기 위해서는 현재 상황의 문제점에 대한 증거와 이로 인한 위기감의 조성이 필요하다. 즉 상황이 얼마나 긴박한 상황인지를 알리고 이대로 방치하면 엄청난 결과가 온다는 것을 알려야 한다. 그리고 이를 예방하기 위한 조치를 취할 수밖에 없었음을 알려야 한다. 이것은 일종의 긴급조치와 비슷하다.

이는 마치 심리학에 말하는 '깨진 유리창 법칙'을 적용하는 것과 같다. 깨진 유리창 법칙은 1982년 미국 러스거스 대학의 조지 켈링 교수가 처음으로 논문에 발표하면서 등장한 말이다. 논문의 핵심은 하나의 유리창이 깨지면 옆의 유리창이 깨지는 것은 시간문제라는 말이다. 그래서 모든 유리창을 보호하기 위해서는 하나의 유리창이 깨졌을 때, 최대한 빨리 그 유리창을 갈아 끼우라고 충고한다.

유리창을 깬 사람에 대해서는 엄벌이 가해진다. 이때의 벌은 평소의 규정에 의한 처벌이 아니라 강력한 처벌이 주어진다. 이러 이유로 조직 구성원들의 해고나 감원이 따라오게 되고 그 모습을 지켜본 구성원들은 새로운 형태의 혁신 프로세스에 맞춰 질서를 유지하려 한다. 이런 과정이 생략되면 구성원들의 마인드도 새롭게 형성이 되지 않을 뿐만 아니라 조직 붕괴의 길에 한걸음 더 가게 된다. 변화와 혁신을 꾀하고자 하는 리더는 모든 구성원들에게 조직의 위기 상황을 알려야 하고, 질서유지를 위해 강력한 처벌을 가할 수도 있다는 점을 고지해야 한다. 그래서 긴급조치와 닮았다는 것이다.

변화와 혁신의 리더십은 이처럼 강력한 힘을 가지고 추진해야 하며 조직의 구성원들의 마인드나 성과가 나지 않는, 그래서 쇠락의 길로 가고 있음이 확실할 때 사용하는 리더십이다. 만약 마인드도 좋고 성과도 잘 나고 있는 조직에서 변화와 혁신을 꾀하고자 하면 많은 반발이 예상되고, 평소 나오던 성과마저 보장받기 힘들다.

비전제시형 리더십

어떤 조직은 구성원들이 매우 스마트하다. 좋은 인재들이 많다는 말이다. 그런데 그런 인재들과는 상관없이 성과는 나지 않는 조직이 있다. 이는 분명 조직의 시스템이나 프로세스에서 원인을 찾을 수 있다. 조직의 방향 설정이 잘못되었거나, 비전이나 전략이 미션이나 핵심가치와 위배되는 경우다.

  비전에 맞게 조직의 방향설정을 한다는 것은 현재의 조직 구조나 프로세스대로 움직이면 비전을 달성할 수 있도록 만드는 일이다. 조직구조의 설계나 프로세스는 구성원들이 행동하게 만드는 구체적인 지침이다. 따라서 행동의 결과인 성과가 좋지 않다는 것은 시스템과 프로세스에 문제가 있다는 것을 알아야 한다. 이 경우 비전에 맞도록 시스템과 프로세스를 조정하는 것이 비전 제시형 리더십이다.

  잭 웰치는 GE의 각 부문을 돌아다니면서 비전에 대해 끊임없이 이야기를 했다. 그 이유는 부문장들이 GE가 가고 있는 방향을 정확히 인지하고 같은 방향으로 정렬하기를 바라기 때문이었다. 조직이 명확한 비전과 이정표를 만들고도 이를 제시하지 않거나 공유되지 않았다면 좋은 인재를 가지고도 성과를 얻지 못하는 우를 범할 수 있다.

서번트 리더십

  섬김의 리더십이라고 칭하는 서번트 리더십은 부하의 말이나 주문에 대해 리더가 하인이 되어 섬기는 리더십을 일컫는다. 리더가 서버트 리더가 되려면 우선 조직 구성원들의 성숙도가 높아야 한다.

  "우리 리더는 서번트 리더십도 모르나 봐?"

  이런 말을 하는 구성원이 있다면 먼저 자신들의 업무나 관계의 성숙도를 의심해 봐야 한다.

  조직 성숙도가 높다는 말은 조직 구성원들이 오랜 경험이나 지식을 가지고 있으며 업무처리는 물론 구성원들 간의 관계도 좋아 성과도 우수하다는 말이다. 이러한 상황에서 지금도 잘 하고 있지만 더 나은 성과를 높이기 위해서 높은 성숙도를 자랑하는 구성원들의 말에 귀를 기울이고 그런 환경 조성을 위해 일하는 리더, 그가 바로 서번트 리더의 모습이다.

서번트 리더가 가져야 하는 구성요소로는 이타적 소명, 감정적 치유, 지혜, 설득력, 청지기 정신 등이 있다.

상황대응 리더십

허시와 블랜차드에 의해 제시된 상황대응 리더십은 리더의 성향에 따라 일방적인 방식으로 관리하던 틀에서 벗어나 구성원의 수준에 따라 다르게 접근한다는 것이 커다란 변화였다. 그들은 구성원의 역량과 의욕이 어느 정도인지에 따라 네 가지로 분류하고 각각 다른 접근법으로 리드할 것을 강조했다.

첫 번째 단계는 구성원의 의욕이 높고 역량이 낮은 단계다. 이는 조직에 입사한 신입사원의 경우와 매우 흡사하다. 이 단계의 유형에게 리더는 지시형을 권하고 있다. 지시형은 지시는 많이 하고 지원은 하지 않은 형태를 말한다. 신입사원에게는 지원을 해주어도 아직 역량이 부족한 상태이므로 오로지 지시만으로 부하를 이끌어야 한다고 강조한다.

두 번째 단계는 부하의 역량이 초·중급이 되면서 의욕은 많이 떨어진 단계다. 이들은 조직에 들어와 여러 가지 시스템과 구조적인 프로세스에 많이 실망해 의욕이 저하된 단계다. 이들에게는 지시도 지원도 많이 하라고 말한다. 아직 부족한 역량은 지시로써 보충하고 하강된 의욕은 많은 지원으로 동기를 부여하는 것인데 이를 코치형이라고 부른다.

  세 번째 단계는 부하의 역량이 중·고급 정도를 유지하면서 의욕은 가변적인 상황을 말한다. 이 경우 리더는 지시는 그만하고 지원을 많이 해주는 스타일을 권한다. 조직의 시스템, 흐름, 구조 등을 모두 파악한 부하는 스스로 알아서 자신이 필요한 자원을 가져다 사용할 수 있도록 지원해주는 것이다. 이러한 스타일을 지원형이라고 한다.

  네 번째 단계는 부하의 역량은 고급이면서 의욕도 매우 높은 상황이다. 이러한 부하직원에게는 지시도 지원도 하지 말라고 권한다. 이미 그는 조직 시스템도 모두 알고 있으며 다른 부서와의 관계도 구축이 된 상태다. 또한 의욕도 강하기 때문에 스스로 알아서 주도적으로 움직이는 구성원이기에 이들에게 필요한 리더의 스타일은 위임을 하는 것이다.

  상황대응 리더십은 일찍이 허시와 블랜차드에 의해 개발된 후 블랜차드가 새롭게 업그레이드해서 제시하기도 했다. 조직 구성원의 역량과 의욕이라는 요소를 기반으로 리더가 행동방식을 조정해야 한다는 이 리더십은 현재도 기업 내에서도 인기 있는 리더십으로 자리매김하고 있다.

조직상황별 리더십의 발휘

기타 임파워링 리더십, 코칭 리더십, 감성 리더십 등 많은 종류의 리더십이 있다. 그 내용을 잘 살펴보면 결국은 그 리더십의 실현을 위해서는 변혁적 리더십과 거래적 리더십의 행사를 통해 구현 가능하다는 것을 발견할 수 있다. 그리고 리더는 그 조직의 상황을 잘 살펴보고 어떤 리더십이 필요한지를 선택해야 한다.

또한 어느 조직이든 하나의 리더십만이 필요한 것이 아니다. 한꺼번에 여러 가지의 리더십을 발휘해야 제대로 된 리더가 된다. 예를 들면, 노련한 A 팀장에게는 권한위임의 리더십이 필요하고, 아직 팀장으로 익숙하지 않는 B팀장에게는 코칭형 리더십이 필요하다. 또한 조직 전체를 위해서는 비전제시형 리더십을 발휘해야 하며, 계륵처럼 보이는 C사업에 대해서는 변화와 혁신의 리더십을 펼쳐야 하고, 안정화가 되어있으면서 좋은 성과를 내고 있는 D부문에 대해서는 배회관리(MBWA, Management By Wondering Around)를 하며 서번트형의 리더십을 발휘해야 한다. 즉 조직의 상황과 팀의 상황별 다른 리더십이 적용되어야 올바른 리더십이 적용되는 것이다.

최근 리더십 흐름의 조명

진성 리더십(Authentic leadership)

2004년 네브라스카 리더십 컨퍼런스에서 처음 소개가 된 진성 리더십은 기업가와 자본가의 윤리적 태도와 기업의 사회적 책임에 대한 논쟁이 야기되면서 출발했다. 컨퍼런스에서는 미국의 엔론 사태를 바라보며 기업인들의 윤리적 수준을 요구했으며 존경과 신뢰를 얻을 수 있는 리더가 필요하다고 제안했다.

고위공직자의 비리, 대기업 CEO의 부정 및 부실공사, 기업이 생산하는 제품의 심각한 하자문제들이 발생할 때마다 대중들은 항상 진실한 대답을 요구해왔다. 하지만 그들은 진실성이 결여된 사과를 한다거나 근본적인 문제를 해결하기보다는 임시적 미봉책으로 해결하려는 태도를 보여왔다. 이러한 태도는 기업 CEO를 비롯한 리더들의 진정성을 의심하게 만들었고, 이와 맞물려 진성 리더십의 필요성은 더욱 힘을 얻고 있다.

진성 리더십은 리더가 자기 자신에 대해 잘 알고 이해하며 구성원들과 개방적으로 소통하고 자신의 가치관과 신념을 바탕으로 일관성 있게 행동하는 리더십을 말한다. 그리고 자기인식과 자기규제를 실천하면서 상사, 동료, 부하, 조직에 긍정적인 영향력을 끼치는 것이다. 진성 리더의 자기인식은 리더가 가진 가치나 재능, 정체성, 목적 등을 이해하는 과정이고, 자기규제는 리더 스스로의 내재적 기준과 실제 상황이나 목표 사이의 간격을 줄이는 자기 통제적 행위를 말한다.

진성 리더십은 구체적으로 다음의 네 가지를 통해 행동방식을 설명할 수 있다.

첫째, 자기인식은 자신의 장점과 단점에 대해 명확히 인식하고 자신의 목표, 핵심가치, 믿음과 욕망 등을 지속적으로 이해하는 것이다. 자아가 긍정적인 사람일수록 높은 수준의 자기인식으로 효과적인 리더십을 발휘한다.

둘째, 내재화된 윤리적 관점으로 진성 리더는 내면에 함양되어 있는 윤리성을 바탕으로 자신의 신념을 고취시켜 높은 수준의 윤리적 가치를 기준으로 삼는다. 따라서 개인의 영리나 목적을 위해 영향력을 행사하지 않고, 조직 및 조직 구성원을 위해 헌신한다.

셋째, 진성 리더는 다양한 정보를 객관적으로 분석하고 자신의 지위와 관계없이 다양한 견해를 수렴하고 균형화된 정보처리를 지향한다.

넷째, 대부분의 리더들은 자신의 실수를 인정하지 않으려는 경향이 있다. 실수를 인정하는 즉시 그들의 권위는 떨어진다고 믿기 때문이다. 진성 리더는 자신이 저지른 실수를 인정하고 구성원들에게 공감을 구한다. 진성 리더는 스스로에게 진실하기 때문에 자신의 가치와 신념이 행동과 일치하도록 행동한다.

공유 리더십(Shared Leadership)

공유 리더십은 분산된 리더십(Distributed leadership)과 집합적 리더십(Collective leadership)이 합쳐진 개념이다. 분산된 리더십이란 리더십을 발휘하는 사람이 1인이 아니라 2인 이상이라는 것이며 그들은 네트워크와 같이 유기적으로 엮여 있으며 특히 힘이 분산되어 있다는 것이다. 집합적 리더십이란 1인의 상사가 아닌 팀 구성원들이 전체적으로 리더 역할을 수행하는 상황을 말하는 것이다. 즉 공유 리더십은 조직이나 팀 내의 각각의 업무에 따라 가장 역량이 뛰어난 사람이 각각 리더가 될 수 있으며 영향력을 행사하는 리더십이다. 구성원 모두가 리더의 역할을 공동으로 수행하는 공유 리더십은 팀 구성원들의 의사소통과 협력이 중요한 역할을 한다. 그리고 공유 리더십의 하위요소로 구성원의 성장, 구성원 존중, 리더십 제공, 리더십 공유, 공동체 형성, 확실성 제시가 있다.

인문학 리더십

인문학 리더십은 학술적으로 증명되거나 검증된 리더십은 아니며 어떠한 분야라고 정의하기 어려운 형태다. 그리고 한국에서 나타나 기업체에서 유행을 하고 있는 리더십이다.

국내에서 말하는 인문학은 협의의 인문학으로 문학, 철학, 역사 같은 학문과 함께 음악, 미술, 영화, 연극 등을 포함한다. 한마디로 취업에 그다지 영향을 주지 못하는 학문이라고 보면 된다.

하지만 최근에 기업들이 인문학에 관심을 보이기 시작했다. 기업들은 급격하게 변하는 환경과 무한경쟁에 대응하기 위해 전략과 전술을 잘 구사하는 정치학, 법학, 경제학과 경영학 등 실용학문으로 무장했지만, 한계를 느끼고 지쳐버렸다. 그러한 가운데 피로를 씻어주는 인간에 대한 학문에 관심을 가지게 되었는데, 경영학이나 경제학이 채워주지 못하는 부분을 채워준다는 사실을 깨닫고 경영자들은 인문학의 중요성을 강조하기 시작했다. 즉 문학, 철학, 역사를 배우게 되면 그 안에서 전략과 전술을 학습할 수 있으며, 또한 인간이 추구하는 근본적인 목적을 이해하면서 기업의 목적을 달성할 수 있다고 믿는 것이다.

문학은 언어의 수사적 기법을 사용해 감동을 자극하는 지적 활동이다. 그리고 문학은 모든 학문의 기초이기에 지혜를 쌓고 어휘를 늘리라고 권한다. 어휘를 많이 구사해야 언어 구사력이 높아지고 개념, 표현력, 아이디어, 창의력의 원동력이 되기 때문이다. 리더는 시와 소설을 통해 저급한 언어에서 벗어나 고급스럽고 세련된 언어를 사용할 수 있다.

역사학은 인간이 그리는 무늬를 사건들의 시간적 계기를 통해서 알게 해주려는 지적 활동이다. 역사를 통해 우리는 통찰의 언어와 지혜를 얻을 수 있다. 역사는 지혜의 보물창고이며, 그 역사 속에서 교훈을 얻을 수 있다. 또한 역사를 통해 교훈을 얻고 더 나은 방향을 모색할 수 있다.

철학은 문제를 현재의 상황에서 벗어나 객관적인 관점으로 살필 수 있게 한다. 철학은 의심에서 출발하며, 많은 전기물을 읽어야 인간이 존재하는 이유와 삶의 목적을 이해하게 된다.

이러한 인문학을 통해 깨달은 지식을 조직에 적용하는 리더십이 바로 인문학 리더십이다.

변화적응 리더십(Adaptive Leadership)

최근 하이페츠에 의해 제시된 변화적응 리더십은 과거의 변화관리 리더십과 비슷한 개념이다. 기존의 변화관리 리더십은 주로 조직의 시스템이나 구조를 환경변화에 맞추어 문제점을 파악하고 관리해 나아가는 개념이었다. 그리고 변화관리 과정에서 조직의 문제점이 나타나도 조직보다는 환경이나 현상에 집중하면서 대응책을 만들어 나아갔다. 즉 환경을 받아들이기에 조직은 전혀 문제가 없는 것으로 간주하고 접근한 것이다.

이에 반해 변화적응 리더십은 변화하는 환경에 대해 조직이 가진 시스템을 진단하고 필터링해 그 진단이 제대로 된 진단인지 확인하고 대응하는 체계다. 또한 그 진단에 대응하는 대안에 리더의 행동방식이 과연 조직을 위한 합리적인 방식인지, 아니면 리더의 정치적인 목적이나 사적인 감정으로 대안을 세운 것은 아닌지를 점검해 조직에 가장 적합한 방안을 도출해 영향력을 행사하는 리더십이다.

Adaptive Leadership

제 2부

변화에
적응하는 방법

5장
조직환경 변화와 성공적 진화

환경의 변화와 트렌드

트렌드와 조직경영

트렌드의 사전적 의미는 어떤 방향으로 쏠리는 현상, 경향, 동향, 추세 등이다. 무언가를 다루거나 새롭게 변화 및 발전시키는 것을 의미하기도 한다. 트렌드는 생성, 성장, 정체, 후퇴 등을 반복하기도 하고 변동 경향을 나타내는 움직임으로 시대정신과 가치관이 반영되어 나타나기도 한다. 트렌드는 공간적으로 미시, 거시, 초거시 트렌드가 있다. 시간적으로 단기, 중기, 장기, 초장기 트렌드가 있다. 관계적으로 독립 트렌드와 상쇄 연계 트렌드, 상승 연계 트렌드, 융합 트렌드가 있다.

우리가 경영 환경을 잘 보기 위해서는 현재의 트렌드가 과연 일시적인 현상인지 미래를 인솔할 핵심 트렌드인지를 잘 살펴볼 필요가 있다.

어떠한 트렌드도 그냥 미시적으로, 단기적으로, 독립적으로 나타나지 않는다. 만약 어떤 현상이 미시적·단기적·독립적으로 나타났다면 그것은 이미 트렌드가 아니다. 트렌드는 공간적, 시간적, 관계적인 부분이 어느 정도 서로 겹쳐지면서 나타난다. 그런 현상들이 몽글몽글 피어나면서 하나의 주류를 형성하고 그것이 부가적으로 또는 그 현상 자체가 장기적으로 나타난다.

이러한 흐름을 읽는 것은 경영을 하는 리더에게 필수적인 점검 과목이다. 현재의 흐름을 읽지 못하고 경영을 한다는 것은 시대의 흐름을 반영하지 못하는 결과를 초래한다.

경영전략을 세우기 위한 기초적인 환경분석 방법으로는 앞에서 언급했던 PEST와 SWOT 분석을 가장 많이 사용한다. 이때 SWOT 분석의 기회, 위협 요인인 외부적 요인 분석이 바로 트렌드를 읽고 적용하는 것과 동일하다.

트렌드 읽는 방법

트렌드는 정치적, 경제적, 사회적, 기술적인 영향이 동반되어 소비자들의 행동을 반영해 나타나는 것을 말한다. 최근에 나타나고 있는 이슈에 따라 유행도 하고 일시적인 현상이 되기도 한다. 현재 일어나고 있는 이슈가 일시적인 현상인지 지속성을 가질 것인지는 조직 경영자에게 무척 중요한 일이다. 트렌드의 적용은 미래의 먹거리를 창출하는 데 매우 유용한 작업이기 때문이다. 적기에 소비자들의 흐름을 읽고 그에 맞는 제품이나 서비스를 제공하는 조직들은 살아남았다. 그러나 트렌드를 무시하거나 필터링이 없이 무작정 받아들여 위험에 처한 기업들도 무지기수다. 환경변화에 너무 민감하게 받아들이다 보면 똑똑한 바보가 될 수도 있다.

트렌드를 잘 읽기 위해서는 다음과 같은 수용과 필터링이 필요하다.

첫째, 변화의 양상과 변화의 개념을 숙지해야 한다. 어떤 흐름이 단순히 겉모양의 변화인지 근본적인 변화인지를 알아야 한다. 자동차를 생산함에 있어도 모든 자동차가 다른 것은 아니다. 그냥 엔진을 비롯해 여러 가지 부품들은 그대로이지만 겉모양과 프레임만 바꾸어 생산하는 경우도 많다. 소비자의 흐름도 단순히 나타나는 겉모습의 변화가 있고, 근본적인 가치관의 움직임으로 일어나는 변화가 있다. 그리고 그 변화가 일부의 변화인지 전국적으로 나타나는 모습인지도 파악해야 한다. 모든 변화를 하늘에서 내려다 보듯이 조망하는 것이 필요하다.

둘째, 바뀌고 있는 현상이 아니라 그 안에 감추어진 맥락을 발견해야 한다. 이를 위해서는 당사자가 아닌 관찰자의 입장에서 바라보는 시각이 필요하다. 당사자의 눈으로 보게 되면, 자꾸 자신의 입장을 대변하거나 변명하려 한다. 트렌드를 읽는 것은 자신의 마음을 읽는 것이 아니라 대중의 흐름을 읽는 것이다.

셋째, 트렌드의 생태계를 잘 주목해야 한다. 시간적으로 공간적으로 물질의 측면에서 인간의 욕구 측면에서 주목할 필요가 있다. 또한 국내외적으로 상품화가 되었는지, 되었다면 어느 정도인지, 이를 이끌어 줄 사회적인 시스템이나 제도는 어느 정도 성숙되어 있는지, 그 상품을 출현시키고 있는 분야는 과연 어떤 타겟을 가지고 움직이는지를 살펴야 한다.

넷째, 인간의 행동을 관찰해야 한다. 편의점은 처음 등장했을 당시 다소 가격이 비싸더라도 24시간을 운영한다는 편리성과 일시적으로 긴급하게 필요한 제품들을 구성해 놓음으로써 자리를 잡았다. 편의점이 들어오면서 대형 할인마트도 등장했는데, 이때 편의점은 금세 도태될 것으로 예견한 사람들도 많았다. 하지만 인간의 행동을 잘 살펴보면 편의점이 살아남을 수밖에 없었다. 소비자들은 처음에 간단한 즉석 라면 하나를 사러 갔다가 김치가 떨어진 것을 보고 김치도 구매를 한다. 또한 김치 옆자리에 있는 즉석 쌀밥과 일회용 면도기를 사게 되고, 전에 실과 바늘이 없어서 고생했던 기억을 하면서 반짇고리도 사게 된다. 인간의 행동 패턴을 알면 편의점은 어떤 물건을 구비해 놓아야 하고 어떻게 배열을 해야 하는지를 깨닫게 된다.

다섯째, 트렌드 대 트렌드의 관계를 포착해야 한다. 트렌드를 읽어 내는 것만큼이나 트렌드들 사이의 맥락에도 주의를 기울여야 한다. 어떤 흐름들은 서로 상충되어 소멸시키기도 하고, 어떤 흐름들끼리는 더불어 성장을 키우기도 한다. 또한 맥락적 관계를 가지고 연관되어 나타나기도 한다. 더딘 경제적 성장 속에서 취업도 힘들고 집을 장만하고 결혼해서 아이를 키운다는 것이 경제적으로 부담이 된다는 점은 혼자 사는 트렌드를 만들었다. 이런 풍조는 대형할인마트보다 편의점의 활용을 키웠으며, 그 안에서 혼술 문화와 즉석도시락과 같은 식품의 발전을 도모했다.

여섯째, 트렌드를 알았다고 무작정 도입해서는 곤란하다. 우리 조직의 문화와 가치관 등을 고려해 트렌드를 반영해야 한다. 인공감미료를 사용하지 않고 순수한 천연조미료를 사용하는 제품을 생산하는 기업이 인공감미료를 사용하는 소비자가 늘었다고 이를 적극적으로 반영을 하면 우리 조직의 이미지와 정체성에 혼란을 준다. 트렌드는 단기적, 장기적, 미시적, 거시적, 독립적, 융합적인 것이 섞여 나타나는 것이다.

시장의 트렌드가 바뀌었다고 모든 사람들이 추구하는 패턴이 바뀐 것은 아니다. 다만 그 현상이 어느 지역에서 어느 정도의 지속성을 가질 것인지를 분석하고 예측해 진입하는 것이 중요하다.

최근 트렌드

워라밸

우리나라 사람은 일중독자라는 별명을 얻을 정도로 일을 많이 하기로 유명하다. 하지만 최근 젊은 세대가 추구하는 라이프 스타일 중에 일과 삶의 균형이 매우 중요한 이슈로 떠올랐다. 기성세대처럼 일만 하면서 살기보다는 스스로의 삶을 소중히 여기고 여가를 즐기는 데 가중치를 두고 있기 때문이다.

이들에게 칼퇴근은 기본이며, 취직은 다음 직장으로 이직을 준비하는 과정으로 삼는다. 어쩌면 직장생활은 나의 삶을 위한 취미와 여가를 위해 경제적 자금을 만드는 수단에 불과하다. 과중한 업무에서 벗어나기 위해 저녁시간을 지키는 것도 그들에게는 매우 중요한 일이며, 나의 저녁시간을 빼앗는 무의미한 회식은 스트레스의 원인이다. 그리고 선약이 있으면 회식에 빠지기도 하며 자신의 말이나 입장을 분명하고 당당하게 말한다. 그들에게는 나 자신, 여가, 성장은 절대로 희생할 수 없는 가치다.

소확행

지금 하고 싶은 것은 지금 하면서 살자는 욜로족(YOLO, You Only Live Once)의 출현은 소확행 트렌드를 만들어냈다. 소확행은 '작지만 확실한 행복'을 추구하는 것을 말한다. 소확행은 1990년대 일본의 작가 무라카미 하루키의 수필집에 수록된 〈랑겔한스섬의 오후〉에 처음 소개된 신조어로, 딱히 별 볼 일 없는 일상이지만 그 안에서 느낄 수 있는 평범한 행복감을 의미한다. 따라서 소확행은 사소한 일상을 소중히 여기는 마음이다. 행복을 바라보는 관점이 바뀌고 있다. 특별한 성취가 없더라도 자신의 하루하루가 소중하다고 생각하는 사람들이 많아지고 있다.

미래의 행복에서 지금의 행복으로, 특별함에서 평범함으로, 강도에서 빈도로, 큰 성공에 대한 기대보다 작지만 확실한 행복으로 변화했다. 이들에게 중요한 가치는 성공이나 사치가 아니라 커피, 자전거, 인디음악, 동물, 아날로그, 요리, 맥주, 채식처럼 소소하고 일상적인 것이다. 그리고 무엇이든지 집에서 해 먹는 홈루덴스족도 등장했다. 소확행은 행복에 대한 정답이 있는 것이 아니고, 자신만이 그린 행복을 자신이 추구하고 느끼며 살아가는 것이다.

신념의 커밍아웃 – 미닝아웃

"모난 돌이 정 맞는다"는 속담처럼 남 앞에서 자신의 주장을 하게 되면 타인들의 질타를 받기 쉽기 때문에, 사람들은 조직에서 자신의 마음을 숨기려 했다. 하지만 지금은 자신의 입장이나 주관을 적극적으로 표현하는 사람들이 늘어나기 시작했다. 자신만의 정치, 사회적 신념을 커밍아웃한다는 점에서, 이러한 현상을 미닝아웃(Meaning out)이라고 한다.

현대인들은 자신의 욕구를 있는 그대로 노출하려는 경향이 있다. 그리고 자신만을 좋아해주고 사랑해주는 사람들로 만들어진 SNS를 통해 '좋아요'를 받고 누르며, 자기 신념의 지지를 받고자 한다. 지하철이나 버스에서 기분 나쁜 경험을 하면, 자동적으로 휴대폰 카메라를 들이대고 사진을 찍어 즉시 SNS에 올리고 자신의 감정을 토해낸다.

미닝아웃이 과거에는 특정 상품에 대한 불매운동이나 구매운동으로 그쳤다. 하지만 지금은 그 의미나 차원도 다양하면서 구체적이고 다르게 변화했다. SNS의 해시태그는 자신만의 소리를 강하게 나타낼 수 있게 만들었다.

연예인 박보검과 수지로 인해 유명세를 탔던 기업 마리몬드는 위안부 할머니를 위해 사업을 하는 곳이다. 이곳에서 물건을 구입하고, 사용 후기를 올리며 자신도 그 사업에 동참하고 있다는 신념을 표현하려 한다. 이제는 휴대폰 케이스를 비롯해 팔찌나 티셔츠 등의 상품들을 통해 자신의 신념을 노출한다.

미닝아웃의 최종단계는 자신의 신념에 따라 소비행태를 취한다는 점이다. 채식주의자는 절대로 동물가죽으로 만든 핸드백을 매지 않는 식으로 소비 행태가 변했다. 이제는 부를 자랑하기 위해 사치하지 않으며 자신의 신념에 맞는 상품을 소비한다.

언택트 마케팅

일본의 어느 호텔은 사람이 직접 손님을 맞이하는 것이 아니라 로봇이 인사를 대신한다. 그리고 직접 안내도 로봇이 한다. 불친절하지만 사람을 택할 것인가? 친절한 로봇을 택할 것인가?

최근 트렌드는 불편한 소통보다는 편한 단절을 선호하는 경향이 두드러지고 있다. 공항이나 패스트푸드점에서 사람이 아닌 모니터가 손님을 맞이한다. 과거 금융권에서 비대면 거래를 하던 것이 이제 유통업계에도 언택트 마케팅(Un-tact marketing)이 번지고 있는 것이다. 언택트는 무인 항공기의 무인(Unmanned), 자율주행 자동차의 셀프(Self), 사람 대신 로봇이 대신하는 공장의 자동화(Automation) 등 그 운영의 방식은 서로 다르지만 사람이 직접 대면하는 것이 아니라는 공통점을 가지고 있다. 앞으로 인공지능(AI)이나 빅데이터, 사물인터넷 등의 제4차 산업혁명을 의미하는 기술의 진화는 언택트 마케팅과 그 흐름에서 맥을 같이 하고 있다. 이러한 기술들은 언택트 마케팅의 플랫폼으로 작용하고 있다는 말이다.

사람이 하던 일을 로봇이 대신하게 되면, 사람의 일자리를 빼앗게 되고 실업률도 증가할 수 있다. 하지만 직접 대면해야 하는 불편한 접촉으로 인한 스트레스와 피로도도 줄일 수 있다. 은행의 자동인출기는 고객이 불편하게 대기하는 시간, 은행원이 하나하나 설명해야 하는 시간과 그 과정에서 나타나는 묘한 감정싸움을 줄여준다. 대출을 받고자 하는 사람과 대출을 담당하는 사람 사이에서도 자신의 신용등급을 가지고 감정적 싸움으로 번지는 일이 많은데, 하지만 무대면 거래는 현실적으로 나타난 자신의 신용등급을 확인하고, 대출한도 내에서 거래를 함으로써 서로 간의 피로감을 줄여준다.

한편 로봇 등의 인공지능이 사람의 일자리를 강탈하는 현상은 무작정 좋지 않은 것이 아니라, 더욱 인간적인 고품격 서비스로 방향을 제시할 수도 있다. 자동세차를 선호하는 것은 사실이지만 사람이 직접 하는 세차는 고품격이면서 기계가 하지 못하는 부분까지 고려하기 때문이다.

굿즈 마케팅

굿즈 마케팅은 상품을 뜻하는 'goods'와 마케팅의 합성어로, 해당 상품을 선호하는 사람들의 팬심을 공략하는 마케팅 전략이다. 굿즈는 말 그대로 상품을 뜻하지만 최근에는 도서, 영화, 카페 등 다양한 분야에서 폭넓게 사용되고 있다.

소비자들은 도서 자체를 구매하는 목적보다 도서 굿즈를 얻기 위해 과도한 도서를 구매할 정도로 도서 굿즈에 열광하기도 한다. "굿즈를 사니 책이 따라왔다"는 유행어는 굿즈마케팅 열풍을 대변하는 말이다.

스타벅스는 굿즈마케팅을 선보이는 대표적인 회사다. 스타벅스는 커피와 다양한 굿즈 판매와는 별도로, 로열티가 높은 소비자를 대상으로 플래너 굿즈 마케팅을 전개한다. 그들은 스타벅스 플래너를 받기 위해 시즌 음료 3잔을 포함해 총 17잔의 커피를 기꺼이 마신다. 소비자들은 플래너가 미끼 상품임을 알면서도 그것에 특별한 가치를 부여하며, 소유하고 싶은 욕구에 스타벅스의 마케팅에 기꺼이 응한다. 그들이 스타벅스 플래너에 열광하는 이유는 한정판이라는 희소성과 스타벅스의 정체성이 담겨 있다고 생각하기 때문이다.

이렇듯 가치와 경험을 물질화한 상품에 지불하는 것이 바로 굿즈이다. 굿즈 마케팅을 통해 기업들은 소비자들에게 즐거움을 주고 구매 욕구를 자극시키며, 브랜드 충성도도 높이는 역할을 하고 있다. 앞으로 소비 트렌드의 중심에 서 있는 사람들을 지속적으로 주시하면서, 어떻게 이해하고, 소통할 것인가에 대한 노력이 필요하다.

기업 몰락의 5단계

위대한 기업의 몰락과 신호

짐 콜린스는 2007년 《위대한 기업은 다 어디로 갔을까》라는 책을 내면서 과거 위대했던 기업이 몰락할 때 나타나는 조직의 징조와 절차를 낱낱이 밝혔다. 그리고 그가 제시한 과거의 성공 기업들의 습관들은 변함없이 옳은 것이었지만, 성공을 달리던 기업들의 거만함과 원칙 없는 추진력이 문제가 되었다고 결론을 내렸다. 그리고 지금 잘 나가는 기업도 지속적으로 관찰하면서 자신의 내부를 잘 들여다봐야 한다고 충고한다.

기업 몰락의 5단계

기업이 몰락하는 단계를 보면 다음과 같다.
1단계: 성공으로 부터 자만심이 생겨나는 단계
2단계: 원칙 없이 더 많은 욕심을 내는 단계
3단계: 위험과 위기 가능성을 부정하는 단계

4단계: 구원을 찾아 헤매는 단계

5단계: 유명무실해지거나 생명이 끝나는 단계

1단계는 성공으로부터 자만심이 생겨나는 단계로, 성공한 기업들이 스스로 도취되어 격리시키는 현상을 말한다. 그들은 축적한 기반과 탄력이 있기 때문에 한동안은 무리 없이 나아간다. 기업이 성공한 요인 중에는 운과 기회가 역할을 했으나 그것들을 무시하고 자기 능력과 장점을 과대평가하게 된다. 자만으로 나타나는 형태들을 살펴보면 다음과 같다.

① 최고가 될 수 없는 분야에 역량을 갖추지 못한 채 뛰어든다.
② 탁월하게 일할 수 있는 수준 이상으로 성장을 추구한다.
③ 모순적·부정적 증거를 알면서도 위험한 결정을 내린다.
④ 외부 위협이나 내부 침식으로 위기에 몰릴 수 있는 가능성을 부정한다.
⑤ 오만하게 기존 사업을 방치한다(은밀하게 퍼짐).

첫 단계의 징조로 나타나는 현상은 성공이 가져다준 부작용으로 자만이 생기는 것이다. 성공을 안겨준 첫 번째 플라이휠을 방치하거나 무시하는 일이다. 그리고 새로운 사업이나 기존사업을 전개하면서 '무엇'이 '왜'를 대체한다. 첫 번째 플라이휠을 전개하면서 명확한 목적의식을 가지고 사업에 임했지만 신사업에서는 목적성의 흐려짐을 의미한다. 즉 원칙 없이 사업에 접근하는 태도다. 또한 행운의 역할을 무시하게 되는데 운과 우연의 역할을 인정하지 않고, 전적으로 회사의 리더십과 탁월성 덕분에 성공했다고 가정한다.

2단계는 원칙 없이 더 많은 욕심을 내는 단계다.
2단계로 들어선 기업은 성공한 경력과 노하우로 자만심이 가득하고 원칙 없이 더 많은 욕심을 내게 된다. 그들은 신문과 방송 등 외부로부터 찬사와 칭찬을 들으면서 자기통제가 안 되고 더 큰 성장을 자부하기도 한다. 그러다가 지나친 욕심으로 도를 넘게 되고 성장이 어려운 상황으로 진입하게 된다.
보통 현실에 안주하고 변화와 혁신을 거부하는 기업은 망한다고 말한다. 하지만 이들의 조사에 의하면 현실에 만족하고 혁신을 시도하지 않아 망했다는 증거를 찾기에는 부족했다. 그보다는 과도한 욕심을 부려 화를 자초했다. 일반적으로 기업들은 2단계에서 상당한 혁신했다. 이는 위대한 기업이 추락하기 전에 혁신에 대한 노력을 하지 않을 것이라는 가정을 뒤집는다.

그런데 사람들은 왜 반대가 되는 증거가 있음에도 기업이 몰락하는 이유로 현실안주와 혁신에 대한 거부를 꼽는 것일까?
첫째, 위대한 기업을 건설했던 사람들은 추진력과 열정이 강하기 때문에 무언가 도모하지 않으면 견딜 수 없는 유전자를 소유하고 있다. 둘째, 일반적으로 다른 사람들이 몰락한 원인을 자신에게 없는 성격적 결함으로 돌리고 싶어 하기 때문이다.

두 번째 징조로 나타나는 현상은 다음과 같다.
① 지속 불가능한 성장 추구, 규모 확대와 위대함의 혼동
② 원칙 없이 비지속적으로 새로운 도약 기회 추구
③ 핵심 요직에 적임자가 배치된 비율 하락
④ 취약해진 현금흐름이 원칙을 해침
⑤ 관료주의가 자기 원칙을 해침
⑥ 원만하지 못한 권력이양

3단계는 위험과 위기 가능성을 부정하는 단계다.
3단계가 되면 내부의 경고신호가 증가하지만, 외부적으로 성과는 좋으므로 경고와 징후에 대해 걱정을 하지 않는다. 만약 어려움이 있어도 경기와 사이클에 따른 것으로 치부하고 다시 금세 회복할 것이라고 생각한다. 그리고 부정적인 데이터는 축소하고, 긍정적인 데이터는 부풀리게 되는 우를 범하게 된다. 그나마 숨기기 어려운 데이터에 대해 경영진은 외부요인으로 돌리고, 사실에 근거한 대화는 확연히 줄거나 사라진다. 지속적 성과를 내는 기업에서 나타나는 '사실에 기초한 대화'와는 대조적인 모습을 보인다.

흘수선(Waterline)의 법칙이 있다. 흘수선의 법칙은 의사결정과 위험감수에 도움이 되는 것으로 빌 고어가 고안한 것이다.

만약 배가 흘수선(배가 떠 있을 때 배와 수면에 접하는 선) 위에 구멍이 났다

면, 구멍을 메우면서 항해를 지속할 수 있다. 그런데 배의 흘수선 밑에 구멍이 났다면 물이 거침없이 배 안으로 들어올 것이다. 위대한 기업은 큰 도박을 하지만 흘수선 아래에 구멍을 낼 정도로 도박을 하지는 않는다. 모호하고 상충되는 데이터로 위험한 도박을 하거나 결정을 내려야 한다면 다음의 세 가지 질문을 해야 한다.

① 모호한 상황에서 의사결정의 결과, 좋은 결과를 얻는다면 좋은 점은 무엇인가?
② 모호한 상황에서 의사결정의 결과, 나쁜 결과를 얻는다면 나쁜 점은 무엇인가?
③ 우리는 과연 부정적인 결과를 얻더라도 견뎌낼 수 있는가?

세 번째 단계에서는 고객충성도가 하락, 재고회전율 악화, 수익성 하락, 가격경쟁력 상실 등의 징후들이 나타난다. 짐 콜린스가 조사한 바에 의하면 11개 기업 중에 4단계로 몰락하는 과정에서 다음의 세 가지 지수 중 적어도 한 가지에서 부정적인 추세를 보이고 있음을 알 수 있었다. 그것은 매출 총이익, 유동성, 부채비율이다.

기업이 곤란한 처지에 빠질 수 있는 현실에 직면했을 때, 실권자들이 정면으로 맞서기보다 다른 사람, 혹은 외부 요인을 탓하거나 심각한 현실을 제대로 설명하지 않는다는 것이다.

IBM이 몰락할 것을 직감한 젊은 관리자는 IBM을 떠나며, "이처럼 위기를 부정하는 풍토에서 일하는 것보다 새로 사업을 시작하는 것이 덜 위험하다"라고 말했다.

구조조정과 리스트럭처링은 뭔가 생산적인 일을 하고 있다는 착각을 하게 만든다. 기업은 항상 스스로 구조조정 프로세스를 진행하게 마련이다. 그것이 진화해가는 생리다. 그런데 위험을 알리는 경고와 데이터에 대응하기 위해 구조조정을 최우선 전략으로 삼는다면 그것은 몰락하는 3단계에 있다는 신호다. 이는 심각한 암 진단을 받고 거실 가구들을 재배치해 대응하는 것이나 마찬가지다.

세 번째 징조로 나타나는 현상은 다음과 같다.
① 긍정적인 징조는 확대되고, 부정적인 징조는 축소한다.
② 실증적인 증거 없이 과감한 목표를 세우고 크게 투자한다.
③ 모호한 데이터를 기반으로 큰 위험을 초래할 수 있는 일을 단행한다.
④ 건강한 팀 역동성이 침식된다.
⑤ 비난을 다른 곳으로 돌린다.
⑥ 구조조정에 몰두한다.
⑦ 경영자들이 현실에서 격리된다.

4단계는 구원을 찾아 헤매는 단계다.
기업의 가파른 하락세를 보면서 외부에서 구원을 요청하려 하면, 이미 4단계에 진입된 것이다. 급파된 구원투수의 화려한 비전, 카리스마, 입증되지 않은 전략, 판을 뒤집는 합병, 공전의 히트를 칠 제품 등으로 한번에 해결하고자 한다. 새로운 구원자의 이런 방식에 대해 조직 구성원들은 초기에는 긍정적이다. 구원투수로 등장한 경영자는 기존의 질서를 깨고 새로운 시스템과 방식으로 적용시키려 한다. 하지만 이를 반대하는 무리들이 모여 파벌이 생기고 그의 경영능력을 부정적으로 평가를 한다. 이런 이유로 더욱더 혼란은 가중된다.

4단계에게 취하는 조치는 잠시 호전되기도 하지만, 성과는 지속되지 못한다. 따라서 갈피를 잡지 못하고 이것저것 바꾸어가며 희망을 걸어 본다. 4단계로 추락한 기업들은 새로운 프로그램, 유행, 전략, 비전, 돌파구, 합병 그리고 구원자를 찾아 나선다. 하나의 묘안이 실패로 끝나면 또 다른 묘안을 찾는다. 뛰어나지 못한 기업의 특징은 변하려는 의지가 부족한 것이 아니라 만성적으로 일관성이 없다는 것이다.

외부에서 경영자를 영입할 필요가 있을 수도 있다. 그러나 외부에서 구원자로 온 CEO들이 대부분 사태를 더욱 악화시킨다. 앞서 진행한 연구를 살펴보면, 좋은 기업에서 위대한 기업으로 이끈 90%가 내부 출신이었던데 비해, 외부 CEO를 고용한 기업의 2/3 이상은 그에 필적할 만한 성과를 내지 못했다.

조직 스스로 곤경에 처했거나 최고의 정점을 지나 하락세로 돌아섰음을 발견했을 때, 생존하려는 본능과 두려움이 더해져, 우리가 살 수 있는 길과는 정반대의 선택을 하기도 한다. 차분하게 생각하고 주의 깊게 행동해야 할 순간에 정반대로 움직여 가장 두려워하는 결과를 빚어낸 것이다.

네 번째 징조로 나타나는 현상은 다음과 같다.
① 이리저리 묘안을 찾는다.
② 구원자가 되어 줄 리더를 찾는다.
③ 공포에 젖어 서두른다.
④ 근본적인 변화와 대대적인 개혁을 한다.
⑤ 결과보다 광고가 앞선다.
⑥ 반짝 호전 뒤에 실망이 뒤따른다.
⑦ 혼란과 냉소가 번진다.
⑧ 만성적인 구조조정과 재무적 기반이 침식된다.

5단계는 유명무실해지거나 생명이 끝나는 단계다.

기업은 거듭된 차질과 실책으로 재무적 강점이 침식당하게 된다. 또한 조직 구성원들은 희망을 잃게 되고 경영진이 퇴출되고 조직은 심하게 위축된다. 극단적인 경우 파멸하기도 한다.

기업은 수익성 악화로 죽지 않는다. 현금 부족으로 죽는다. 몰락의 5단계로 가면 기업은 악순환을 반복해 통제력을 상실한다. 이것 저것 추구하다가 안 되면 또 다른 것을 잡으려는 행동을 반복하게 되는데 그때마다 보유자원이 침식된다.

핵심 요직에 맞는 적임자를 판단하는 기준은 다음과 같다.
① 기업의 핵심가치를 이해하고 실천하는 사람

② 엄격하게 통제할 필요가 없는 사람

③ 단순히 '직장'을 찾은 것이 아니라 '책임감'이 주어졌다는 것을 이해하는 사람

④ 약속한 것을 반드시 이행하는 사람

⑤ 회사와 일에 열정이 있는 사람

⑥ '창문'과 '거울'을 구분하는 성숙한 사람

성공적인 진화란?

기업의 진화와 진화생물학

진화란 종의 지속적인 생존을 위해 핵심유전자를 보존하는 것이다. 이를 위해 그 종은 더 이상 필요하지 않은 유전자를 버리거나 조정하고 재배열한다. 그리고 진화는 유전자를 새롭게 배열해 위기의 상황 속에서도 새로운 방식으로 성장하고 번성하는 능력이다. 따라서 성공적인 진화란 생명체가 자신이 가진 유전자 중에서 가장 중요하고 뛰어난 요소를 간직한 채 후세까지 적응해가는 것이다.

인간과 침팬지의 유전자는 98.4퍼센트 일치한다. 2퍼센트도 채 안 되는 차이에서 일어난 인간 유전자의 진화가 인간에게 탁월한 능력을 부여한 것이다. 2퍼센트의 진화가 엄청난 차이를 만든다.

조직이 진화하는 것은 변화하는 환경에 발맞춰 가장 중요한 유전자를 간직하고 불필요하거나 소용없는 것들을 과감히 청산하는 일

이다. 조직의 미션과 핵심가치를 통해 만들어진 기업문화 중에 지속적으로 가지고 갈 것과 버릴 것을 구분해 조직을 관리하는 것이며, 이 관리의 방식이 변화하는 환경에 최적의 상태를 유지할 수 있도록 적응해 나아가는 것이다.

기업이 번성한다는 것

기업이 번성한다는 것은 무엇을 말하는가?

어느 지역에 한 생물이 번성해 살아간다면 그 생물은 그 환경에 가장 잘 맞는 생물이라고 할 수 있다. 환경에 최적화된 생물들은 번성한 상태로 그 시기를 누릴 것이다.

마찬가지로 기업이 번성한다는 것은 환경의 변화에 최적화되어 있다는 것을 의미한다. 수많은 환경 변수들이 존재하지만 그 안에서 최고로 혜택을 누리면서 번창해 나아간다.

한국의 삼성전자는 1980년대 초에 고 이병철 회장의 뜻에 따라 반도체 강국이 되겠다고 선언했다. 그리고 1, 2생산라인을 만들었지만, 당시 반도체 강국이었던 미국과 일본의 통상전쟁으로 인해 반도체 가격은 최고로 하락하고 있었다. 이병철 회장은 누적적자로 인한 임원들의 반대에도 불구하고, 3라인을 강력하게 추진해 1988년 10월에 3라인까지 완성되었다.

그런데 1987년 말부터 반도체 경기가 급반전되었다. 미국과 일본 간의 통상마찰로 일본은 반도체 투자에 주춤했고, 미국 인텔은 D램 사업에서 손을 떼었다. 갑작스런 공급의 공백이 생긴 것이다. 이런 호재로 1988년 삼성반도체통신은 D램에서만 3200억 원의 순이익을 내고, 그동안의 누적적자를 감안해도 1600억 원의 이익을 남겼다. 그 이후 삼성전자는 지금까지 반도체 부문에서 타의 추종을 불허하고 있다.

SK하이닉스는 2018년에 1200명의 신입사원을 뽑았다. 이는 현재 반도체 사업의 호황을 그대로 보여주고 있는 것이며, 번성하는 기업의 모습을 적나라하게 나타낸 것이다.

기업이 번성하면 일단 주주가치가 성장하게 되고, 직원들의 사기가 높아진다. 기업은 탁월한 고객 서비스를 제공하게 되고 그것이 사회와 환경에 긍정적인 영향을 준다.

번성하는 기업을 가진 국가는 행복하다. 번성한 기업을 토대로 시장이 번영하게 되어 부를 창출하게 되고 국가 전반에 좋은 영향을 주기 때문이다.

번성하는 기업에는 반드시 그 기업을 이끄는 리더가 존재한다. 리더는 기업이 번성할 수 있도록 발전시켜야 할 책임이 있다. 조직 발전을 위해서는 어떻게 환경이 변화하는지 항상 관찰해야 하며, 관찰 결과를 토대로 기업의 방향을 설정해야 한다. 그 방향을 제대로 설정하느냐, 그렇지 못하느냐에 따라 기업은 번영의 길로 갈 수도 있고 쇠락의 길로 갈 수도 있다.

변화에 적응하기

결국 기업은 변화하는 환경에 적응해야 하며, 리더는 조직이 변화에 적응해 살아남기 위한 방향을 제시해야 한다. 변화 리더십 발휘는 조직이 가진 전통과 문화 중에서 무엇을 버리고 무엇을 보존할지 구분할 수 있다는 것, 효과적으로 변화 리더십을 발휘하기 위해서는 조직이 반드시 가지고 가야 하는 역량, 가치, 전통, 문화 등을 유지하면서 발전해 나아감을 의미한다.

변화의 적응은 서서히 출현한다

변화에 맞춰 성공적으로 적응해간다는 것은 과거의 내용, 발자취, 시스템을 전부 한꺼번에 바꾸는 것이 아니다. 짐 콜린스가 말하는 살아남은 기업의 조건은 완벽한 탈바꿈이 아니라, 기존의 토대 위에 새로운 환경변화를 받아들이며 새 방식을 적용해 나아가는 기업이었다. 새로운 방식으로 새 시스템을 구축하는 것, 모든 것을 새롭게 혁신하는 것만이 기업을 성공적으로 변화시키고 지속적인 경영을 보장하는 것은 아니다. 어쩌면 외부의 변화에 너무 민감하게 움직이고, 자신의 체질과 건강상태를 무시한 채 무작정 개혁의 바람에 나섰던 많은 기업이 쓴맛을 보았다.

진화는 실험의 연속이다

생물학적으로 유성생식(Sexual reproduction)은 1/3만이 성공하는 것으로 나타났다. 이는 2/3가 자연유산이 되고 실패를 한다는 말이기도 하다. 마찬가지로 조직에서는 제품개발을 위해 막대한 투자를 한다.

'아침햇살', '초록매실', '가을대추'로 유명한 웅진식품도 새롭게 출시되는 제품마다 성공한 것은 아니다. 대박이라 표현하는 효자상품들이 나오기 전에 수많은 희생양들이 있었다. 우리에게는 알려지지 않은 '겨울배' '여름수박' 등이다.

이처럼 조직의 진화는 실험의 연속이다. 소비자가 원하는 제품을 조사해 보고 만들고, 테스팅하고 리뉴얼을 하는 과정을 반복한 결과다.

다양성의 수용이 중요하다

환경변화에 제대로 적응하기 위해서는 조직 내 다양성의 수용이 중요하다. 국가나 기업의 설립초기에는 강력한 중앙집권적 통제와 통솔이 필요하다. 그리고 다양한 관점을 수용하고 모든 의견을 받아들여 시스템을 구축하다가는 명확한 컨셉을 잡아가기 힘들다. 분명한 정체성을 가진 조직이 되지 못할 가능성이 크다는 것이다.

하지만 기본적인 시스템을 구축한 기업이나 조직은 다양한 관점을 수용하는 것이 중요하다. 즉 몇 명의 특정한 인물이 강력한 리더십을 발휘하면서 조정하는 중앙집권적 통제보다는 부서 요소요소의 다양한 관점이나 니즈들을 수용하면서 포용하는 것이 중요하다. 다양성을 수용한다는 것은 다양한 의견을 존중하고 특정부서나 인물의 의존성을 줄이며 집단지성을 활용한다는 말이다.

이른바 잘나간다는 다국적 기업들을 보자. 수뇌부는 본사에 두고 디자인, 설계, 생산, 서비스 등은 전 세계의 지역에 지부를 두고 있다. 이는 현지의 욕구나 관점을 존중하며 다양한 욕구를 반영하기 위한 구조다. 단순히 효율성을 강조하며 일괄적인 처리만을 주장하는 의사결정 구조와 다르다.

성공한 다국적 기업들은 현지의 니즈를 무시하고 다양성의 수용을 거부하는 조직구조는 기업의 환경적응력을 둔화시킨다는 것을 경험적으로 알고 있다. 이러한 경험을 토대로 다양성을 수용하면서 조직에 반영한 결과 시스템의 개혁도 따라오게 된다.

리더에게는 인내심이 필요하다

변화의 적응에는 일정한 시간이 필요하다. 조직이 진화한다는 것은 어느 시점에서 한꺼번에 변한 것이 아니라 꾸준히 축적되어 온 결과다. 환경의 변화에 적응하기 위해 새로운 시도와 실험을 해보고, 그중에 효과성을 발휘한 시스템, 프로세스, 보상체계 등을 받아들여 확산시키면서 구축된 결과물이다. 따라서 효과성을 인정하는 방식은 구성원들에게 체득이 될 때까지 시간이 필요하다. 그러한 시간만큼 리더에게는 인내심이 필요하다.

6장
리더와 변화적응 리더십

진정한 리더십이 필요한 사회

무너진 리더십

정치지도자나 기업의 경영자들을 예로 들면서 리더십의 부재를 자주 거론하는 경우가 많다. 현재의 리더들은 수준 이하라며 과거의 지도자야말로 진정한 리더였다고 말한다.

리더십은 현재의 모습만으로 평가하기에 충분하지 못하다. 현재의 상태로 성과를 증명하기도 힘이 들고, 차후 과정의 법칙을 적용해 보면 좋았던 리더가 갑자기 최악의 리더가 되기도 한다. 그렇다면 리더십이 무너졌다고 말하는 근거는 무엇인가? 다음에 제시하는 것들은 무너진 리더십을 비평하는 사람들의 공통요소다.

성과는 높지만 과정의 법칙을 무시하는 리더

앞 장에서 리더에게는 과정의 법칙이 필요하다고 밝혔다. 과정의 법칙은 리더가 어느 정도의 성과를 얻은 후에 취하는 경영방식이다. 무조건 성과만을 중시하는 조직이나 기업은 머지않아 구성원들의 비난을 사게 된다.

과거 생존 자체가 가장 큰 이슈였던 초창기와 달리, 안정기에 접어든 조직은 구성원의 급여나 근로환경에 신경을 써야 한다. 복리후생에 대한 고민은 전혀 하지 않고 성과달성만을 위해 전진하다 보면, 어느 날 조직 구성원들은 등을 돌리게 된다. 조직 구성원들은 생각하지 않고 자신의 이익만을 추구하는 이기적인 경영인으로 낙인이 찍히기 때문이다.

성과중심 경영은 구성원들의 동기를 부정적으로 자극하게 되고, 결국 조직을 하락으로 이끈다. 조직 내부의 대우에 불만을 품은 일부 직원들은, 조직의 부조리를 외부에 고발까지 한다. 이러한 상황이 되면 사회적 비난은 피할 수가 없다. 지나친 성과주의에 입각한 리더의 경영방식이 가져온 결과다.

효과성을 무시한 효율성

기업경영과 국가경영은 차이가 있다. 기업은 금전적 이익이 따른다고 판단이 되면 어떤 사업이든 투자를 한다. 아무리 매력적인 사업이라도 이익이 따르지 않으면 당장 고개를 돌리고 사업을 접는다. 또한 이익이 되는 것은 확실하지만 그 수확을 얻기에 많은 시간이 걸린다면 결코 투자하지 않는다. 차갑게 느껴질지 모르지만 그것이 조직을 위한 길이라는 것을 경영자는 직감적으로 알고 있다.

하지만 국가경영이나 공기업, 또는 병원과 같이 비영리조직의 운영은 오로지 이익만을 추구하지 않는다. 국가는 국민의 행복과 안위를 위해 필요하다 판단이 서면, 막대한 국가의 자금이 들어간다고 할지라도 조직을 만들고 운영한다. 이 때문에 국가가 경영하는 기업은 사업 초기에 이익이 나지 않는 것이 일반적이다. 10년이 지난 후나 어쩌면 그 이후에 자금을 회수할 수도 있는 장기적인 사업이다.

그래서 국가적 사업을 지금 당장의 효율성만으로 거론하는 것은 곤란하다. 이는 장기적인 안목을 가지고 투자한 사업의 특성을 파악하지 못한 처사다. 공조직이나 비영리조직에게 적용해야 하는 잣대는 단지 효율성의 잣대가 아니다. 근본적으로 왜 이 조직이 만들어졌는지에 대한 목적을 가지고 운영해야 한다. 그것이 진정한 리더의 모습이다.

지위를 활용한 사리사욕

리더들은 높은 지위에 오르기까지 많은 고생을 한다. 마음고생도 하겠지만 금전적인 면에서도 고생을 많이 한다. 그런데 수많은 우여곡절을 겪고 정상의 자리에 올라 온 리더가 그동안 투자한 본전 생각을 한다면 정말 피곤해진다.

이는 도덕적이지 못한 정치인들에게서 많이 나타난다. 과거 힘든 정치적 여정을 거치면서 새롭게 잘사는 국가를 만들어 보겠다고 다짐한 것을 뒤로한 채, 권력을 이용해 국민을 기망하고 자신의 지위를 활용해 사리사욕을 채우는 것은 무너진 리더십의 표본이다.

정치적인 힘으로 기업에 영향력을 가해 자신의 잇속을 챙기는 것을 비롯해, 자신이나 친인척이 운영하는 기업에 혜택이 돌아가도록 하거나, 경영성과가 좋은 공기업을 사기업화한 뒤 그 기업에 빨대를 꽂아 자손에게 물려주는 일, 권력과 지위를 통해 국가사업의 방향을 미리 알고 선투자해 이익을 챙기는 일 등이 그것이다.

이들은 지위에 중독이 된 리더들이며 일종의 갑 노릇을 하고 있는 것이다. 최근 이슈가 되고 있는 기업 경영인의 갑질만이 갑질은 아니다. 공직사회에서도 지위를 활용해 사리사욕을 채우고 국민을 우롱하고 있다면, 이는 대국민 갑질이다.

조직의 근간을 흔드는 행위

모든 조직은 설립이념이나 사업 목적이 있다. 사기업은 사기업대로, 공기업은 공기업대로 명확한 설립 목적을 가지고 있다. 그런데 그 설립목적을 정확히 인식하지 못하고 운영을 하는 경우가 있다. 예를 들어 고객들의 건강을 책임지는 먹거리 사업을 하겠다고 선언한 기업이 국민의 건강을 해치는 재료를 사용해 물건을 만들거나 서비스를 하는 경우다.

식당은 손님들의 건강을 위해 만들어졌으며, 병원은 환자의 위생과 생명의 안전을 위해, 국가 조직은 국민들의 안전과 행복을 위해 탄생했다. 식당에 온 손님들에게 음식물 쓰레기를 가지고 만든 음식을 제공하거나, 소독하지 않은 기구나 일회용품을 재활용하는 병원 그리고 국민의 권익을 위해 만들어진 조직이 국민을 사찰하거나 압박을 가하기 위해 이용되었다면 자신들의 설립 목적을 위배한 사례다. 이는 조직의 근간을 흔드는 매우 위험한 모습이다. 리더라면 가장 먼저 조직의 설립목적을 알고 그 미션에 맞는 일을 해야 한다. 그럼에도 불구하고 설립 목적의 근간을 흔들고 있는 일에 리더가 동참하고 있다면 그 자체로 리더는 존재 이유가 없다.

진정한 리더의 모습

자기를 성찰하는 리더

"이책인지심(以責人之心)으로 책기(責己)하고, 이서기지심(以恕己之心)으로 서인(恕人)하라."

이는 《소학》에 나오는 말로, "남을 책망하는 마음으로 자신을 책망하고, 자신을 용서하는 마음으로 남을 용서하라"는 뜻이다.

"똥 묻은 개가 겨 묻은 개를 나무란다"는 말처럼 자기 잘못은 보지 못하고 타인의 잘못만을 문제 삼는 경우를 쉽게 볼 수 있다. 특히 자수성가를 한 리더나 타인에 대한 이해능력이 떨어지는 사람에게서 많이 볼 수 있다. 내가 하면 로맨스이고 남이 하면 불륜이라는 말처럼, 우리는 자신에게는 관대하고 타인에게는 엄하다.

이런 사람들에게 일침을 가하는 위 문장은 진정한 리더에게도 필요한 말이다. 진정한 리더는 남에게 잘잘못을 따지기 전에 자신의 모습을 돌아보아야 하고, 남을 책망하는 마음으로 자신을 책망해야 하며, 자신을 용서하는 마음으로 타인을 용서해야 한다.

《좋은 기업을 넘어 위대한 기업으로》의 저자 짐 콜린스는 리더가 가져야 할 자기관리의 방법으로 서킷 시티의 앨런 워츨과 GE의 잭 웰치의 행동을 빌어 다음과 같이 제시했다. 그것은 창문과 거울의 철학이었다.

창문은 투명하기 때문에 자신은 잘 보이지 않고 타인의 행동은 창문너머로 잘 볼 수 있다. 반대로 거울은 반사가 되어 타인은 잘 보이지 않지만 자신의 모습은 잘 볼 수 있다. 위대한 리더들은 기업이 성과를 내고 잘 되면 창문을 통해 종업원들을 보고 칭찬을 하고 감사의 마음을 가졌으며, 일이 잘못되었을 때는 거울을 보면서 자신의 모습을 보고 반성했다.

남이 이룩한 성과가 완성되어 운이 좋게도 자신이 덕을 볼 때는 마치 자신이 이룩한 성과인양 자화자찬하고, 문제가 생기면 자신이 잘못을 해놓고도 이전 사람의 잘못을 탓하는 리더가 있다면 창문과 거울의 비유를 생각해 볼만하다.

신뢰가 있는 리더

신뢰는 사람이 사는 어느 곳에서나 필요한 최고의 덕목이다. 그곳이 공적인 조직이든 사적인 조직이든, 인간관계를 맺고 있는 곳이라면 반드시 필요하다. 신뢰가 바탕이 되지 않으면 어떠한 거래나 관계도 위험해지기 때문이다.

데이비드 마이스터는 저서 《신뢰의 기술》에서 신뢰란 믿음의 반복, 일관성으로 무장한 예측 가능성, 친밀감 그리고 이기적 성향의 4가지 요소로 만들어졌다고 했다. 이를 신뢰의 방정식이라 말한다.

구체적으로 신뢰(Trust)는 전문성과 정직함에서 오는 믿음(Credibility)과 약속과 이행이 연결된 경험의 반복, 즉 일관성에 의한 예측가능성(Reliability) 그리고 감정적인 믿음, 즉 친밀감(Intimacy)을 합한 값을 자기중심성, 즉 이기적 성향(Self-interest)으로 나눈 값으로 산출된다고 말했다.

$$T = (C + R + I) / S$$

이러한 방정식을 잘 활용하면서 고객의 신뢰를 얻어가는 기업이 있다.

"우리는 최고의 아웃도어 제품을 만들되, 그로 인한 환경 피해를 유발시키지 않으며, 환경 위기에 대한 해결 방안을 수립하고 실행하기 위해 비즈니스'를 이용한다."

이러한 미션을 가지고 탄생한 기업 파타고니아는 인간과 자연에 대한 책임을 지키기 위해 비즈니스를 '수단'으로 생각한다. 파타고니아는 먼저 제품 생산과정에 있어서 '자연에 대한 책임'을 지키고자 했다. 사실 기존 면화 생산 과정에서는 엄청난 양의 농약이 사용되고, 독성 물질이 발생한다. 유기농 목화라는 개념도 없던 1996년 파타고니아는 과감히 제품에 사용되는 모든 면직류를 농약을 사용하지 않은 100퍼센트 유기농 순면으로 바꾸었다.

2011년 미국의 최대 세일기간인 블랙프라이데이에 그들은 이상한 광고를 냈다.

"이 자켓을 사지 마세요! 필요하지 않다면 말이죠."

사실 이 광고의 메시지는 제품을 쉽게 사고 버리기보다는 기존 제품을 수선해서 오래 입으라는 아이러니한 메시지다. 광고는 이렇게 이어진다.

"이 재킷은 내구성이 강해 10년 이상 입을 수 있는 친환경 재킷입니다. 하지만 아무리 친환경 제품이라도 온실가스 20%가 배출되고 2/3의 천이 버려집니다."

2년이 지난 뒤, 파타고니아는 또 다른 이상한 프로젝트를 시작했다.

"사실 따지고 보면 진짜 친환경적인 제품은 없습니다. 물건을 생산하고 소비하는 것 자체가 지구에 악영향을 주니까요. 하지만 적어도 적게 쓰고 지속적으로 쓰는 것은 가능하죠."

파타고니아는 망가진 옷을 고쳐 입고, 재활용해 오래오래 입자는 캠페인을 시작했다. 심지어 이베이에 파타고니아를 검색하면 중고품이 먼저 나오게 했다. 수선 방법을 영상으로 배포하고, 직접 수선할 수 있는 키트도 제공했다. 아버지가 입던 옷을 아들에게 물려주라고 광고도 한다.

이러한 진정성이 소비자들에게 신뢰를 준 것일까? 파타고니아는 설립 이래 40년 동안 꾸준히 성장해 왔다. 2008년 금융위기에도 매출 성장률 50%를 달성했다. 2013년 이후 미국 아웃도어 시장 2위로 등극했고 이제 그들은 매출 약 9000억 원대의 대기업으로 성장했다.

다양성을 수용하는 리더

리더십은 양자택일의 문제가 아니다. 조직에 영향을 주는 상황변수는 다양하고 그에 대응하기 위한 선택안도 무궁무진하다. 리더십은 많은 변수들이 존재하는 가운데 우리의 미래를 위해 가장 필요하고 중요한 최적안을 찾아내는 과정이다.

회의를 통해 구성원 각자가 아이디어를 도출하고 그중에 적합한 대안을 찾는다. 좋은 회의를 이끌기 위해서는 다양한 관점을 가지고 있는 사람들로 구성하는 것이 중요하다. 또한 구성원들이 가진 지식은 물론 내부 깊숙이 가지고 있는 경험들을 수면 위로 올려놓아야 한다. 이것이 다양성을 수용하는 방법이다.

리더가 다양성을 수용하는 이유는 혼자의 생각보다는 다수의 생각이 옳은 경우가 많기 때문이다. 다수의 생각이 반영되면 협소한 시각에서 벗어나게 되고 다양한 시각을 반영하다 보면 그 안에서 시너지를 발견할 수 있다.

조직의 혁신적 행동은 다양성을 수용하는 조직문화에서 비롯되었다. 다양한 생각을 가진 사람들이 의견을 조율하는 조직문화는 리더가 만든다. 조직문화는 어느 날 갑자기 "우리는 이런 문화가 있다"고 선언하는 것이 아니라, 리더의 행동이 모여 문화로 구축된다. 따라서 문화로 정착이 되려면 일정한 시간도 필요하다.

소통하고 공감하며 동행하는 리더

변화하는 환경에 대한 예측은 누구도 불가능하다. 하지만 조직 리더의 행동은 예측이 가능해야 한다. 어떠한 상황이 닥쳤을 때 리더가 환경의 변화에 대응하는 방법은 서로 공유되어야 한다. 이러한 알림은 말로 하는 것이 아니다. 리더는 행동으로 보여주어야 한다. 그리고 리더의 행동은 차후 리더가 없는 상황에서 구성원들이 행동할 수 있는 기준이 된다.

리더의 행동도 어떤 근거에서 나왔다는 것을 알려야 한다. 소통을 잘하는 리더는 불확실한 상황에서 서로의 의견을 나누고 고민이 되는 점을 말로 표현한다. 의사결정을 할 때도 대안을 만들고 그 대안에 대한 문제점도 토론한다. 선별된 대안들에 대한 각각의 장점과 단점을 알리고, 후속조치를 위한 방안도 마련한다. 이런 과정들이 진정한 리더가 조직 구성원들과 소통하는 방법이다.

리더는 의사결정을 하는 과정 중에 선택하기 어려운 상황이 있을 수 있다.

조직의 단기적 관점에서 보면 플랜A가 좋고, 장기적 관점에서 보면 플랜B가 좋을 수 있다. 우리 사업부의 이익을 생각하면 플랜 A가, 조직 전체의 관점을 생각하면 플랜 B가 유리한 경우도 있다. 이런 선택의 과정 중에 서로는 논의를 통해 가장 합리적인 선택을 했다는 생각을 구성원들이 가질 수 있도록 만들어야 한다. 그것이 구성원들의 공감을 얻는 길이다. 만약 리더 혼자 결정을 하거나, 리더가 결정을 한 후에 구성원들에게 공감을 얻기 위해 소통을 시도하게 된다면, 일부는 설득이 되겠지만 일부는 일방적인 통보로 받아들인다.

리더의 상황대처 방식은 후배 구성원들의 행동방식에 영향을 준다. 구성원들과 함께 고민하고 토론하며 자신의 주장을 주고받는 민주적인 방식은 그들에게 긍정적인 영향을 준다. 이를 통해 그들은 존중받고 있다고 생각하게 되며 리더의 행동에 공감하며 존경하게 된다. 그리고 리더와 함께 동행하고 있다고 생각하게 된다.

'Go Point'를 지키는 리더

리더로서 의사결정을 하고 나면 책임도 함께 찾아온다. 책임을 피하려고 의사결정을 안 하거나 미루는 것은 리더로서 가장 나쁜 행동이다. 자신이 결정하지 않고, 내버려 둠으로서 책임을 환경의 탓이나 다른 사람의 몫으로 넘기려 하는 사전 동작이기 때문이다. 리더가 혼자서는 결정을 내리지 못하고 타인에게 양자택일을 강요당하며 산다면 리더로서 결코 바람직하지 못하다.

구성원은 리더가 어떠한 상황에서도 분명한 기준을 가지고 의사결정을 할 것이라고 믿는다. 그리고 사후 문제가 생기면 그가 책임감을 갖고 해결해줄 것이라는 믿는다. 그런데 리더가 지위만 누리고 그에 상응하는 책임이나 역할을 하지 못한다면 진정한 리더라고 보기 어렵다.

의사결정을 내리는 일은 성격이 아니라 오랜 기간 부단한 노력을 통해 습득할 수 있는 기술이다. 누구나 의사결정의 기술과 실행방법을 배우면 능숙한 결정을 내릴 수 있다.

　리더의 결정에 따라 어떤 사람은 이익을 볼 수 있고, 어떤 사람은 해를 입을 수도 있다. 리더가 의사결정을 내리는 순간, 특히 그 결정으로 인해 다른 사람의 운명을 좌우하는 결정의 상황을 고 포인트(Go point)라고 한다.

　1993년에 나온 '얼라이브(Alive)'라는 영화가 있다. 해발 3500미터 안데스 산맥에 추락한 비행기 속에서 45명 중 29명이 기적적으로 살아난 이야기다. 영화 속 주인공, 로베르토 카네시는 영화에서 두 번의 고 포인트를 맞이한다.

　첫 번째 고 포인트는 고립 일주일 후 아사 직전의 상태에서 10일 째 되는 날, 의대생인 그는 생존을 위한 유일한 방법은 시신을 먹는 것이라며 다른 사람들을 설득한다. 인육을 먹는 일은 이런 상황이 닥치기 전에 상상조차 하지 않은 일이다. 하지만 아사할 것인가, 생존을 위해 인육을 먹을 것인가라는 선택의 상황에서 과감히 결정을 내린다.

　두 번째 고 포인트는 구조대를 기다리는 것이 아니라 직접 안데스 산을 넘어 구조 요청을 하자는 제안이었다. 무모하고 힘든 여정이라는 것을 알았지만 그 순간이 가야 할 때임을 직관적으로 인식하고 행동으로 옮겨야 했다.

　고 포인트 의사결정의 원칙은 남에게 영향을 주는 결정을 내리는 순간 사적인 이익을 완벽히 배제시켜야 한다는 점이다. 이는 고 포인트가 나만을 위한 것이 아니어야 한다는 말이다.

기업에서도 사리를 추구하는 범주를 뛰어넘는 의사결정을 했을 때 최선의 결과를 가져왔다는 증거도 많다. 더 높은 위치에 있을수록, 자기 이익은 최소화하는 결정을 내려야 한다. 조직의 구성원들은 그것을 기대했고 그런 리더를 원했다. 그래서 당신이 현재의 위치에 있음을 명심해야 한다.

변화적응 리더십

변화관리에서 변화적응으로

환경변화와 관련해 리더십을 발휘해야 한다는 이론은 이제 구식이다. HRD의 조직개발과 관련해 근거를 찾을 수 있는데, 대표적인 것이 바로 변화관리 리더십이다. 변화관리 리더십은 환경의 변화에 따라 조직이 어떻게 대처를 해야 하는지에 대한 리더십이다. 변화관리 리더십의 가장 대표적인 프로세스는 존 코터에 의해 제시되었다. 그가 제시한 변화관리 8단계 모델은 다음과 같다.

① 위기감을 조성하라
② 변화선도팀을 구성하라
③ 비전을 설정하라
④ 커뮤니케이션을 활성화하라

⑤ 동기를 유발하고 장애물은 제거하라
⑥ 단기적인 성과를 내라
⑦ 속도를 늦추지 마라
⑧ 조직에 변화를 시스템화하라

존 코터에 의해 제시된 변화관리 모델은 리더가 단계별로 어떤 행동을 해야 하는지에 대해 구체적으로 나누었다는데 의의가 있다. 또한 위기감의 조성으로 변화를 일으켜야 한다는 간절함을 부여하는 점이 기존의 변화관리 모델과 차별화가 되었으며, 변화관리 후 행동을 정착화시킨다는 관점에서도 돋보인다. 하지만 리더의 단계별 행동이 너무 하드웨어적인 부분으로 다루었다는 점이 아쉽다.

존 코터를 비롯해 기존의 변화관리 리더십은 다음의 세 가지 가정 하에 출발하는 것이 문제점이다.

첫째, 외부적인 이슈로 떠오른 문제는 의심할 여지없이 명확한 문제라고 가정하고 있다.

둘째, 내부적으로 문제에 대해 정확히 분석할 것이라는 가정이다.

셋째, 리더는 다른 외부의 압력과 상관없이 이슈를 소신껏 처리할 것이라는 가정이다.

그러나 실제로 문제의 근원지가 어디인지 파악하기 어렵고, 내부적으로도 도출한 이슈가 명확한 문제인지 확인할 필요가 있으며, 막상 업무를 처리하는 과정에서 리더는 많은 이해관계자들로부터 압박을 받을 수밖에 없다.

변화적응 리더십의 필요성

최근의 환경은 과거의 방식으로 해결하기 어려운 문제가 발생되고 있다. 9.11 테러나 세계경제위기, 쓰나미, 지진문제 등 예측 불가능한 문제들이 자주 등장한다. 이는 기존의 지식이나 노하우를 반복적으로 적용할 수 있었던 기술적인 문제가 아니다. 이 문제를 해결해야 하는 주체로서 리더는 한 번도 적용한 적 없던 관계자들과 협력해야 하고, 시도한 적이 없는 도구와 방식들로 실험해 나아가야 한다. 그리하여 구성원들에게 기존의 지식을 뛰어넘는 해결책을 도출할 수 있도록 촉진하는 리더의 등장이 요구된다.

변화적응 리더십의 개념

변화적응 리더십(Adaptive leadership)은 하이페츠에 의해 제시된 개념이다. 변화적응 리더십은 조직에 대한 진단과 행동 및 리더 개인에 대한 행동의 진단과 수정을 통해 리더십을 발휘하는 과정을 가지고 있다.

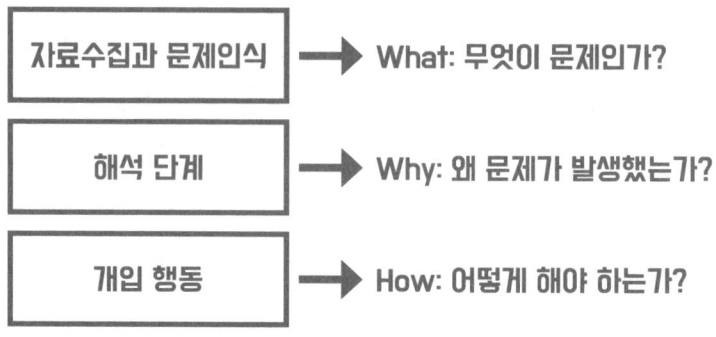

변화적응 리더십의 진단과 행동의 과정은 자료수집과 문제인식, 문제의 진단 및 해석, 개입하는 리더의 행동진단 및 수정의 과정을 거친다. 이는 리더가 문제해결적인 관점뿐만 아니라 리더의 행동도 진단하고 수정하는 과정을 반드시 거침으로서 오류를 최소화한다는 점에서 의의가 있다.

또한 변화적응 리더십의 장점은 리더가 원하는 영역에서 진단 및 수정이 가능하다. 즉 리더십을 발휘함에 있어 시스템 진단을 먼저 시작하고 수정하는 과정을 먼저 시도할 수 있으며, 자신에 관련한 행동을 먼저 진단하고 수정하는 방식도 가능하다.

변화적응의 방해요인

리더는 조직의 문제를 해결하는 사람이다. 조직의 문제는 외부에서 시작된 것도 있고, 내부 자체적으로 생긴 문제도 있다. 리더가 해결할 문제의 실행전략은 리더 개인의 야심을 넘어 공동의 목표를 향해 구성원들을 움직이고자 할 때 효과성이 발휘된다. 따라서 구성원들이 원하는 공동의 목표를 정의하는 것이 중요하다. 그럼에도 공동의 목표를 명확하게 정의하기도 전에 성급하게 제기되는 요인들이 발생하게 되고 그것들이 현명한 의사결정을 방해한다.

첫째, 조직 내 문제를 해결하는 도중 성급한 행동은 변화적응을 방해한다.

조직의 문제로 도출이 되는 순간 문제에 대한 진단, 자료수집, 다양한 관점으로 상황을 해석하는 등의 현황을 분석하는 일보다는, 대안적이고 가능성 있는 실행안 찾기 등으로 시간을 줄이려 한다. 그리고 스스로의 진단능력을 평가절하하고 메일 회신이나 마감일, 진행되는 업무 마무리 등으로 당장의 요구사항에 대한 실행만을 기대한다. 이는 마치 몸에 열이 있는 사람을 치료할 때 증상의 근본 원인을 정확히 파악하기보다는, 겉보기에 즉시 효과가 나타나도록 해열제를 처방하고 약의 복용량과 횟수만을 확인하는 것과 같다.

둘째, 어떤 문제를 개인의 문제로 치부하는 것이 변화적응을 방해한다.

이는 조직의 문제를 리더나 개인 한 사람의 문제로 바라보는 시각을 말한다. 만약 "김 본부장이 리더였다면 달랐을 텐데…", "최 이사가 처리했으면 지금 이런 꼴은 면했을 텐데…"라는 식이다.

또 다른 시각은 문제 상황을 개인 간의 갈등 때문이라고 판단하는 것이다. 문제를 해결하는 과정에서 김 팀장과 이 팀장이 상충된 관점을 보이는 이유는 속한 팀의 업무와 기능을 보호하기 위함이지만, 둘 사이의 개인적 갈등으로 치부한다는 점이다. 조직의 구조적 갈등을 읽지 못하고 있는 것이다.

변화적응을 위한 과제

조직은 쉽게 변하지 않는다

"사람들은 변화를 싫어한다?"

사람들은 변화를 싫어하는 것이 아니다. 변화로 인해 다가올 손실이나 피해를 두려워한다. 변화를 통해 커다란 이익을 얻을 수 있다고 확신한다면 현재에 안주하려는 사람은 없을 것이다. 사람들이 변화를 거부하려는 이유는 변화로 인한 손실을 회피하고 싶은 마음 때문이다. 즉, 변화의 가장 큰 적은 손실에 대한 부담이라고 해도 좋다. 제프 로렌스는 이렇게 말했다.

"망가진 조직이란 존재하지 않는다. 모든 조직은 현재의 상태가 만들어질 수밖에 없도록 완벽하게 구조화되어 있기 때문이다."

리더들은 조직을 변화시키고자 하는 의욕이 넘쳐 현재의 조직은 병이 들고 문제가 심각하다고 말을 한다. 하지만 현재의 모습과 상태는 적어도 기득권이라고 불리는 몇몇 개인이나 그룹들이 만들어 놓은 것이다. 그들이 보기에는 전반적으로 잘 돌아가고 있으며 어떤 면에서는 심각한 손상이 있다는 것을 알고 있지만, 그다지 큰 영향을 주고 있다고 생각하지 않는다.

조직을 이끄는 기득권들은 현재의 상태를 좋아한다. 그런데 조직에서 발생하고 있는 역기능이나 투명하지 못한 경영방식에 이의를 제기할 때, 당신은 조직의 개선에 막대한 기여를 했다고 상을 받기는커녕 모난 돌로 인식될지 모른다. 그리고 조만간 조직에 대해 불만이 가득한 사람이라고 낙인이 찍힐지도 모른다.

조직은 새로운 시도를 중요하게 여기고 그러한 시각이 조직을 제대로 이끌 수 있다고 강조한다. 하지만 알고 보면 새로운 시도라기보다는 현실에 안주하려는 의도가 짙게 깔려 있다. 그 이유는 새로운 시도는 결과에 대한 예측이 불가능하고 핵심적인 구성원들에게 손해를 입힐 수 있기 때문이다.

리더의 핵심역량은 진단능력

리더는 변화의 접점에서 이해관계자들이 어떤 것을 잃고 어떤 것을 얻을 수 있는지 판단할 수 있어야 한다. 그것은 자신들의 삶 자체일 수 있고, 사랑하는 사람이나 직장, 재산, 지위, 명예일 수도 있으며, 공동체, 정체성, 경쟁력일 수도 있다. 변화 리더십은 변화의 상황에서 발생하는 손실을 평가하고 관리하는 것이다.

변화에 적응하려는 시도와 현실에 안주하려는 사람 사이의 차이를 줄이기 위해서는 조직 맥락적인 분석이 필요하다. 조직맥락적인 분석이란 조직 내 어떤 부분이 제대로 기능하고 그렇지 않는가를 살펴보는 것이다. 또한 그것이 누구에 의한 영향력의 결과인지, 그는 왜 그러한 행동을 취할 수밖에 없었는지를 파악하는 것이다.

그리고 변화에 적응하려 시도하는 자와 현실에 안주하려는 자와의 이해관계를 파악하지 않으면 안 된다. 이해관계뿐만 아니라 감정적인 개입까지도 알아볼 필요가 있다.

변화적응적 도전과 기술적 문제해결법

리더십이 제대로 발휘되지 못하는 이유 중 하나는 변화적응적 문제를 기술적인 문제로 치부하기 때문이다. 기술적인 문제는 중요하고 복잡하지만 기존의 지식을 가지고 해결할 수 있는 문제다. 이를테면 5층 다가구주택 중에 4층의 천정에서 물이 새고 있다든지, 겨울이 되면 벽면에 차가운 물방울이 맺힌다고 하는 문제다. 기술적인 문제는 현재의 기술, 절차, 업무방식 안에서 전문지식을 적용해 해결이 가능한 문제를 말한다.

[문제의 종류와 해결책 및 해결주체]

문제의 종류	문제 정의	해결책	해결 주체
기술적	분명하다	분명하다	의사결정자
기술적 + 변화적응적	분명하다	학습이 필요하다	의사결정자 + 이해관계자
변화적응적	학습이 필요하다	학습이 필요하다	이해관계자

출처: 《어댑티브 리더십》 하이페츠 외, 2017

하지만 변화적응적인 문제는 우선순위, 신념, 습관, 충성심 등의 변화를 통해서만 해결이 가능하다. 따라서 기존의 전문지식에 의존하기보다는 새로운 방식의 수용과 적응력이 필요하다. 또한 기존의 틀을 유지시키면서 살아 온 조직 구성원들의 행동에 새롭게 영향력을 가할 수 있는 리더의 역량이 필요하다.

리더의 권한위임과 전문성

권한위임이란 상대방이 당신에게 원하는 것을 해줄 것이라는 전제하에 한 사람, 혹은 조직으로부터 권한을 위임받는 것이다. 조직이 당신에게 권한을 위임하는 이유는 당신이 그들의 요구에 잘 따를 것이라는 기대치 때문이다. 당신을 문제해결자 역할을 잘 수행해줄 것을 기대하는 것이다. 조직의 문제가 단순히 기술적인 문제라면 권위 있는 전문가 역할을 기대한다.

당신이 어떤 역할을 맡게 된다면 일정한 범위의 권한을 갖는다. 이 범위는 권한의 위임자들이 당신에게 가진 기대치에 따라 정해지며 그 기대치에 해당하는 목표를 부여한다. 만약 당신이 부여받은 업무를 잘 해낸다면 권한을 위임한 사람들은 만족할 것이다. 그리고 기대치 이상의 성과를 낸다면 더 많은 급여나 인센티브를 부여할 것이며, 더 높은 지위와 부가적인 서비스도 제공받을 수 있다.

변화적응 리더십은 단순히 권한위임자들이 기대하는 행동만을 수행함으로써 그들의 기대에 부응하거나 그 이상의 결과를 내는 것이 아니다. 권한을 위임한 사람들에게 도전을 제기하고, 불가피한 갈등도 유발할 가능성이 크다. 자신들이 원하는 일을 해달라고 위임을 했음에도 불구하고, 반대로 자신들에게 도전하거나 금기시한 일을 서슴없이 이야기할 수도 있다. 이러한 이유로 말로는 중요하다고 하면서도 전혀 그렇게 행동하지 않았던 그들은, 당신을 제거하려 할 것이며 다른 말 잘 듣는 사람을 찾을 수도 있다.

변화적응 리더십을 발휘하면 공식적이든 비공식적으로 권한을 위임한 자들의 기대치에 반하는 행동을 할 수도 있다. 그래서 이 점이 리더를 위험에 빠지게 만들 수도 있다. 또한 권한을 위임한 이해관계자들 사이에서 생긴 자신의 갈등을 리더에게 조정하라고 요구하는 일도 빈번하게 일어난다.

변화적응 리더의 딜레마

조직 내 중간관리자의 역할을 경험한 사람이라면, 상사와 부하의 사이에서 갈등을 느껴본 적이 있을 것이다. 부하직원은 자신들이 속한 팀의 입장을 대변해주고 외부의 압력으로부터 바람막이의 역할을 해주기를 바란다. 한편 권한을 부여한 사람들의 입장에서는 급여나 팀의 활동비 또는 소모품을 사용하는 비용을 절약해주기를 바라며 일부는 감원이라는 방법을 사용해 조직 전체의 효율성에 기여해주기를 바란다.

리더십은 리더가 한 분야의 전문성을 갖추는 것과 전혀 다른 개념이다. 변화적응 리더십은 전문성을 넘어 위험을 감수하고 자신의 조직이나 공동체의 가장 어려운 도전에 대응해 나아가는 것이다.

Adaptive Leadership

제 3부

답은
변화적응 리더십이다

7 장
조직 진단이 먼저다

시스템을 진단 후 처방하라

진단 후 처방의 중요성

한의사는 아픈 증상을 물어보고 환자의 얼굴빛을 살피며 진맥을 한다. 그러고 나서 바로 처방전을 쓰는 것이 아니라 본인이 진맥한 결과를 토대로 화장실은 자주 가는지, 손발이 저리지는 않는지, 소화는 잘 되는지, 기타 여러 가지를 질문해본다. 이것은 자신이 맥으로 진단한 내용이 명확한 것인지 비교하며 더욱 확실한 처방을 위해 검토한다.

그 결과 어떤 병은 침으로, 또 어떤 병은 뜸으로 치료한다. 만약 기존 의학지식으로 치료가 되지 않으면 자신만의 여러 가지 방법을 적용해본다. 그래도 문제가 해결되지 않을 경우 외과적인 수술단계를 밟을 수 있도록 양방의 치료를 권하기도 한다.

한의사가 환자를 맞이해 진료를 하는 과정은 변화적응 리더십을 발휘하는 과정과 흡사하다. 먼저 조직에 문제가 있다고 생각하면 조직을 진단한다. 그 진단결과가 사실인지, 내가 과거에 알고 있던 지식과 부합하는지, 부합한다면 어떠한 대응을 할지 실행계획을 세운다.

만약 한의원에 갔을 때 제대로 진단하지 않고 바로 처방에 들어간다면 어떤 일이 발생할까? 단순한 감기에 위궤양 처방을 내리거나 요로결석을 맹장으로 오진해 맹장수술 준비를 한다면 어떨까. 생각만 해도 끔찍하다.

조직을 이끌어 나가는 리더도 마찬가지다. 내가 음료회사 마케팅 리더라고 가정해보자. 소비자의 음료선호 패턴이 청량음료에서 비타민음료로 바뀌었다고 무작정 비타민 음료를 생산하면 곤란하다. 현재 비타민음료를 생산할 수 있는 여력이 있는지, 우리 조직이 가진 기존의 이미지로 음료시장 진출이 가능한지, 유통경로와 재고소진 사이클은 얼마나 되는지, 유리병 제조 조달 가능한 구매처를 확보할 수 있는지 등 고려할 점들이 많다.

이처럼 조직 내부 및 외부의 환경 변화에 무조건 실행법만을 간구할 게 아니라, 외부 환경을 면밀히 검토한 뒤에는 내부조직 시스템도 검토한 후 대응방안을 수립해야 한다.

사람들은 어려운 문제를 만났을 때, 문제의 본질을 추측해서 해석하려는 경향이 있다. 그리고 자신이 보는 관점으로 해석을 하고 쉽게 대안을 세운다. 최악의 경우는 문제를 제대로 분석하기도 전에 자신의 노하우에 문제를 끼워 맞추는 우를 범하기도 한다.

과거의 방식이 무조건 나쁜 것만은 아니다

현재의 조직구조는 과거에 많은 업무를 처리하면서 가장 효과적인 방법으로 구축된 결과물이다. 조직 내 나타나는 문제점들에 대해 적절히 대처하기 위한 프로세스를 만들고 수많은 시행착오를 거치면서 유효성을 고려한 작품인 것이다. 하지만 외부환경은 변하고 상위조직(국가, 지방자치단체의 규범 및 제도)은 변화를 유도한다. 조직이 살아남기 위해서는 그 변화의 흐름에 우리의 조직문화 및 시스템의 변화를 꾀할 필요가 있다.

환경의 변화는 어떠한 시스템을 가지고 있는가에 따라 조직변화 능력을 높일 수도 있지만, 제한할 수도 있다.

조직문화의 점검

구성원들이 자기 의견을 말하지 않는 이유

첫째, 기분 나빠서 말을 안 한다. 혹여 말을 했다가 리더로부터 "그건 아니야", "넌 그것밖에 못해?"라는 대꾸로 모욕받거나 무시당한다고 생각하기 때문에 말을 안 한다.

둘째, 소귀에 경 읽기라서 안 한다. 말을 해봤자 반영도 안 되고 바뀌지도 않는다는 학습된 무기력(Learned helplessness)이 원인이다. 직원들은 리더가 직원보다 더 많은 것을 안다고 생각하는 데 원인이 있다고 생각한다.

"팀장님이 더 많이 알고 있잖아요. 저희들에게 묻는 것은 그냥 형식적인 절차 아닌가요?"

이런 말로 입을 닫는 것이다. 상사가 고학력자라면 더 크게 작용한다. 그들은 자신의 지식과 전문성에 상당한 자신감을 가지면서 부하 직원들의 의견을 하찮게 여기는 경향이 나타나기 때문이다. 자존심 강한 리더는 자기 의견과 다르거나 자신이 미처 생각하지 못했던 의견을 직원이 냈을 때 들으려 하지 않는다. 직원의 의견을 반영하는 것을 마치 자신이 '부하 직원들에게 졌다'고 여기기 때문이다.

셋째, 소신 있게 말했다가 왕따가 되면 피곤해지기 때문이다. 조직이기주의가 강할 때 나타나는 현상이다. 조직이기주의는 조직 내부의 논리를 우선하므로 새로운 환경이나 변화를 무시하거나 경시한다. 특히 성공체험에 매몰되어 조직이 타성적으로 운영될 때, 전례만 중시하게 되고 구성원들은 최근의 변화나 소비자의 견해를 듣고도 말하지 않는다.

넷째, 리더의 생각과 다른 의견을 말했다가 부정적인 평가를 받을지도 모른다는 두려움 때문이다. 회의 시 부정확한 정보를 가지고 말하거나 조직의 입장과 다른 이야기를 꺼내게 되었을 경우, 상사에게 부정적 인상을 줄 수 있다는 생각 때문이다. 그래서 구성원은 '그냥 고개만 끄덕이자'라고 판단하고 행동한다. 특히 전문지식이 있는 상사라면 더더욱 강하다.

  다섯째, 윗사람에게 복종하는 것이 미덕이라는 이유 때문이다. 수직적 문화에 익숙해 상사가 말을 할 때 반론을 제시하는 것에 대해 심한 부담감이 작용한 것이다. 수평적 조직으로 가고 있지만, 아랫사람들이 말대꾸를 하는 것에 대해 감정적으로 대처하는 경향이 강하면 구성원들은 침묵을 하게 된다.

조직의 암묵적 조정게임의 실패

  게임이론 중에 조정게임이란 것이 있다. 조정게임은 참가하는 주체가 서로 조정해 상호이익을 위하는 것을 말하는데 특별한 이유는 없지만 모두 같은 선택을 하면 이익이 되는 것을 말한다.

  여기 한 연인이 있다고 가정하자. 한 사람은 영화를 보고 싶고 한 사람은 뮤지컬을 보고 싶어 한다. 만약 서로 다른 선택을 하면 연인 간에 데이트를 하는 이유가 없어진다. 영화를 볼 경우 나의 만족도는 100점이 되지만, 뮤지컬을 보면 70점밖에 얻지 못한다. 그리고 서로의 주장이 달라 남자는 영화, 여자는 뮤지컬을 볼 경우 서로의 만족도는 50점 이하로 떨어질 것이다. 둘은 자신만의 만족감을 위해 따로 떨어져서 다른 선택을 하는 것보다, 각각의 만족도는 조금 떨어지지만 같은 선택을 하면 서로에게 이득이 되는 선택을 하려 한다. 다시 말하면 개인적인 만족도는 떨어지더라도, 서로 같은 선택을 해서 다가올 최악의 상황은 피하고 상호이익이 되도록 하는 것이 조정게임이다.

조정게임이 실패할 수도 있다. 조직 내에서 조정게임의 실패는 어떤 것이 있을까?

회의에서 좋은 아이디어를 내고 실행을 하면 서로에게 이득이 된다. 그리고 회의에서 아이디어를 내고 실행을 하면 좋다는 것을 모든 회의 참가자들도 알고 있다. 하지만 아이디어를 내게 되면 모든 실행은 아이디어를 낸 사람이 실행을 해야 한다. 지금도 바빠서 업무에 부담을 느끼고 있는데 내가 낸 아이디어까지 실행을 하려면 나만 바빠진다고 생각을 한다. 그래서 좋은 생각이 떠올라도 생각을 공유하려 하지 않는다.

회의에 참가한 사람들이 이런 생각을 하면서 아이디어를 내지 않는다면 회의는 무의미해진다. 결국 조정게임은 실패하게 된다.

조직문화와 조직 시스템

조직은 비전이 설정되고 나면 그 비전을 달성하기 위한 전략을 세운다. 전략을 실행하기 위해서는 전략마다 담당하고 책임을 지는 부서가 있기 마련이다. 이런 부서를 만드는 행위를 조직화(Organizing) 한다고 한다. 이 조직화가 잘 되어 있을수록 비전 달성은 쉬워지지만 그렇지 못하면 그만큼 전략 수행이 힘들기 때문에 달성이 어려워진다. 조직이 바뀌고 통폐합이 된다는 것은 조직의 전략을 수정하고 있는 것이라고 봐도 무방하다. 즉 현재의 조직은 현재의 전략을 반영한 조직이다.

리더는 비전 달성을 위해 전략 달성이 쉽도록 조직을 개편하고 시스템화한다. 구성원들은 그 조직의 시스템에 따라 행동을 한다. 시스템을 따르지 않으면 거래적 리더십의 예외관리 규정에 위배가 된다. 조직 구성원들은 규율을 따르지 않으면 처벌을 받는다는 것을 알기 때문에 조직의 시스템에 따라 행동을 한다. 그 행동들이 모여 조직의 문화가 형성된다. 조직문화란 그 조직이 가진 행동양식이다.

결국 개인의 행동은 조직의 시스템과 프로세스를 통해 나온다. 좋은 조직문화를 가지기 위해서는 올바른 조직과 시스템을 가져야 한다. 좋은 시스템을 갖추는 것은 올바른 조직문화를 구축하기 위한 근원이다.

올바른 시스템을 갖추기 위해서는 다음과 같은 여섯 가지가 필요하다. 이를 6R이라고 하는데 올바른 구조(Right structure), 올바른 사람(Right people), 올바른 정보(Right information), 올바른 프로세스(Right process), 올바른 의사결정(Right decision making), 올바른 보상(Right reward)을 뜻한다.

기술적 문제와 변화적응적 문제의 구분

조직을 진단하다 보면 기술적으로 해결 가능한 문제와 그렇지 못한 변화적응적 문제가 있다. 기술적인 문제는 전문가라면 쉽게 고칠 수 있는 문제다.

예를 들어 화장실의 화장지 도난 건수가 증가함에 따라 담당자는 이 문제를 해결하려 한다고 가정하자. 어떤 사람은 CCTV를 설치하자고 한다. CCTV의 설치는 막대한 비용이 소요된다. 다른 의견으로 경비순찰을 강화하자고 한다. 이 방법도 누군가의 희생과 비용이 따르는 해결방법이다.

문제해결 전문가는 지금의 3~4배 이상 크고 더 무거운 제품을 사용하자고 제안했다. 그 결과 화장지 도난은 거의 사라졌다.

이런 경우는 기술적인 문제다. 이 문제를 해결하기 위해 구성원들과 협의를 하거나 타인과 협상이나 타협을 하는 과정은 거의 없다. 아이디어 자체가 해결책이다. 기술적인 문제는 원인을 찾으면 대부분 해결할 수 있다.

우리 앞에 다가오는 문제는 예측이 가능한 것도 있고 불가능한 것도 있다. 예측이 불가능한 문제는 대부분 설정형 문제와 탐색개선형 문제다. 올해 매출목표를 얼마로 정하는 문제나 그 매출목표 달성을 위해 도출된 아이디어를 실현하는 과정에서 발생되는 문제다. 아이디어 실현을 위한 과정에서 반드시 나타날 것으로 예측되는 문제는 대체로 기술적 문제이기 때문에 전문가의 역량에 의존하면 된다. 그러나 갑자기 발생하는 문제는 예측도 어렵지만 대응도 쉽지 않다. 이는 전형적인 변화적응적 문제다.

앞으로는 이런 변화적응적인 문제를 해결하는 것이 리더에게 중요한 이슈가 될 것이다. 이를 위해 리더가 우선적으로 행해야 하는 것이 문제에 대한 올바른 진단이다.

진단 후 주의사항

진단하고 바로 행동하지 말라

조직의 상황과 시스템을 진단하고 난 후 효과적인 해결을 위해서는 충분한 시간이 필요하다. 충분한 시간을 확보하는 이유는 진단 후 해결책으로 나온 대안을 디자인하기 위해서다. 대안 디자인은 대안실행을 위한 자원, 대안을 실행하면 혜택을 받는 사람들, 이로 인해 어려움을 겪는 사람, 조직 내 정치적으로 얽혀 있는 이해관계자, 만약 실패하게 되면 따라오는 후폭풍과 나타날 시련 등에 관해 충분한 고민의 시간을 갖는 것을 말한다.

선택할 수 있는 대안이나 자원이 오직 한 가지라면 그것으로 할 수 있는 것만 생각하게 된다. 예를 들어 망치만 가지고 있는 사람들의 눈에는 모든 것이 못으로 보이고 무엇이든 두드려 조치하려 한다. 하지만 톱과 끌이라는 자원을 가지고 있다면 생각은 달라진다. 문제가 되는 부분을 잘라서 해결할 수도 있고, 끌로 파서 교정을 할 수도 있다. 지금 당장 가지고 있는 자원으로 해결할 생각만 하지 말고 충분하게 생각할 수 있는 시간을 가진다면 더욱 효과적인 해결책을 마련할 수 있다.

학원을 운영하는 한 지인이 처음에는 가정집에서 몇몇의 어린이를 데리고 간단히 운영했지만, 점점 학생들이 늘어나며 세무서에 신고를 해야 했다. 그 원장은 세무신고를 하기 위해 여기저기 돌아다니면서 발품을 팔았다. 아직은 작은 학원이라서 자금의 여력이 부족하니, 세무사 비용을 조금이라도 아끼고자 직접 움직인다는 것이었다.

원장은 세무서에서 세금신고 안내장이 나오자 늦게 신고해 과태료를 지불하는 것보다 빠른 시간 내에 세무신고를 하는 것만이 최선이라고 생각했다. 잠시 시간 여유를 확보하고 다른 대안은 없는지 살펴볼 새도 없이 빠르게 조치만 하려 했다. 나는 빨리 세무사를 찾아 가라고 권유했다. 원장은 머뭇거리다가 결국 세무사를 찾아가 상황을 설명하고 복잡한 회계와 세무업무를 세무사에게 맡겼다.

세무신고 위탁 결과는 놀라웠다. 건물임대료 및 기구들과 차량 유지비, 기타 비용으로 알고 있던 것들을 세무사는 투자계정으로 전환했다. 원장은 세무사 비용을 제하고도 오히려 환급을 받았다.

변화적응적 문제를 다룰 때는 문제에 대한 해석의 전환이 필요하다. 기술적인 문제를 변화 지향적 문제로, 안정적인 문제를 갈등적 문제로, 개인적인 문제를 시스템적 문제로 받아들이고 새롭게 해석할 수 있다.

처음엔 이 원장도 세무서에서 날아온 신고서류를 기일 안에 빨리 처리하려는 데만 급급했다. 기술적인 문제로 인식해서 벌어진 전형적인 결과다.

그러나 나는 원장이 이 문제를 변화 지향적 문제로 전환하도록 유도했다. 단순히 세무서의 행정서류에 빈칸을 채워 넣기보다 세무전문가를 통해 절세방안을 상담하고 신고를 대행함으로써 금전적인 도움뿐만 아니라 시간적인 효과를 얻을 수 있도록 제안한 것이다.

변화적응적인 문제는 기술적인 문제보다 갈등의 소지가 많다. 혼자 일을 처리하면 복잡하고 힘이 들어도 다른 사람과 갈등은 안 생긴다. 세무사 사무실과 신고 자료를 가지고 논의하다 보면 갈등도 발생할 수 있다. 하지만 어느 정도 익숙해지면 서로 이익이 되고 편안해지는 것을 느낄 수 있다. 중요한 것은 학원장이 종합소득세를 신고를 개인 차원의 문제가 아니라, 학원이라는 조직의 시스템적 문제로 해석하고 전환하는 사고가 필요했던 것이다.

이 과정에서 우리가 알 수 있는 것은 세무사에게는 이 문제가 기술적인 문제였으며. 원장에게는 변화적응적 문제라는 것을 아는 것이다.

진단 후 여러 관점으로 해석하라

진단을 하는 과정에서 여러 가지 관점에서 해석할 필요가 있다. 문제를 다각도로 해석하기 위해서는 구성원들의 마음을 읽는 것이 중요하다. 다음은 조직 구성원들이 가장 많이 취하는 태도를 정리한 것이다.

자신이 속한 그룹에 이익이 되는 해석을 선호한다

사람들은 여러 가지 대안이나 대안 중 선택의 문제에 부딪쳤을 때, 자신에게 유리하게 작용하는 대안은 어떤 것인지 궁금해한다. 자신에게 유리한 선택을 하는 것은 잘못된 것이 아니다. 합리성을 추구하는 인간의 보편적인 경향이다. 따라서 자신에게 이익이 되는 해석이면 긍정적으로 받아들이려 하고, 손실이 발생될 것으로 해석이 되면 반대 입장을 표명하려 한다.

문제가 무르익지 않으면 논의 자체를 꺼린다

조직 구성원들은 문제의 실체가 드러나지 않았거나 논의의 준비가 되지 않은 것은 다루기를 꺼린다. 아직 무르익지 않은 문제는 다른 문제대비 우선순위에서 밀릴 뿐 아니라 긁어 부스럼이 된다고 생각하기 때문이다. 하지만 반드시 기억해야 할 명언은 "미리 발견되는 병은 치료도 쉽다"는 것이다. 조직 내 문제가 깊어질수록 치료는 늦어진다는 것을 알아야 한다.

조직 내 우세한 해석을 이용해 갈등을 줄이려 한다

조직 내 문제의 해석에 대한 차이를 놓고 어떤 해석에 무게를 둘 것인가 하는 문제는 그 문제를 해결하는 과정에서 얼마나 많은 자원이 소요되고 갈등이 일어날지에 대한 차이로 해석 가능하다. 구성원이 작은 편에서 구성원이 많은 편을 상대로 설득이나 타협을 보려면 많은 준비가 필요하다. 하지만 많은 사람이 지지하는 방안은 다수의 법칙에 의해 손쉽게 설득력을 얻는다. 직접적으로 연관성이 적은 구성원들은 다수의 의견에 자신의 생각을 얹을 수 있다.

다양한 해석을 수용하라

다양한 해석을 수용하는 일은 피곤한 일이다. 다양하고 창의적인 해석을 추구하는 것은 시간적으로 오래 걸리며, 갈등의 소지도 많다. 이로 인한 비용지출도 만만치 않다. 특히 기술적인 문제를 창의적인 방식으로 다루려고 하면 비효율도 발생한다.

예를 들어 이미 발생한 문제의 원인을 찾아서 제거하면 된다. 논리적인 사고이며 현장에 답이 있는 경우가 많다. 그러나 아이디어 차원에서 창의적인 접근법을 제안한다고 하면 엄청난 비효율이 나타난다. 더구나 시행착오로 인한 비용은 덤이다.

반면 변화적응적인 문제는 창의적인 접근이 요구된다. 변화적응형 문제는 미래의 설정형 문제다 보니 원인을 찾아가는 기술적 문제라기보다 설정된 해답을 찾기 위한 경로에서부터 다양한 방식을 찾는 아이디어가 필요하다. 이를 위해 변화적응적 리더는 다양한 해석을 수요할 필요가 있으며 변화의 정도가 빠를수록 수용범위는 넓어져야 한다.

변화역량을 갖춘 조직문화

방 안의 코끼리를 이야기한다

방 안의 코끼리(The elephant in the room)는 독특한 영어표현이다. 상식적으로 코끼리가 방 안으로 들어오는 것은 불가능한 일이다. 이 표현이 가지는 비유적 숨은 뜻은 '누구도 이야기하지 않는 심각한 문제'라는 뜻이다. 누가 보더라도 심각한 문제임에는 분명한데, 그러나 아무도 그 이야기를 하지 않는 문제를 방 안의 코끼리라고 말한다.

일반적인 조직에서는 방 안의 코끼리에 대해 이야기하기를 꺼려한다. 하지만 변화적응력이 뛰어난 조직은 방 안의 코끼리에 대해 말하는 분위기가 뛰어나다. 즉 자사의 생산 공정이나 업무 프로세스에 대해 언제든지 비판하고 개선점에 대해 이야기한다. 일반적으로 조직은 민감한 문제일수록 감추고 싶어 하고 수면 위로 꺼내 이야기하는 것을 꺼린다. 이런 이야기를 꺼냈다가 분위기 파악을 못하는 사람으로 낙인찍힐 수도 있기 때문이다.

하지만 변화적응력이 뛰어난 조직은 방 안의 코끼리 이야기를 서슴없이 말할 수 있다. 그리고 높은 자리에 있는 사람일수록 방 안의 코끼리에 대해 먼저 말을 꺼낸다. 모범을 보이는 것이다. 그리고 변화적응력이 뛰어난 조직은 다른 누군가가 조직의 흐름에 대해 반대 입장을 말하는 사람을 존중한다. 만약 이들을 까다로운 사람이라고 폄하하거나 반대자로 낙인을 찍어버리면 차후에 누구도 자신의 입장이나 개선점에 대해 말하려 하지 않을 것이다. 비현실적인 생각이나 견해를 가지고 주제에 벗어난 질문을 하더라도 그들은 존중받아야 한다.

창의와 도전을 조직의 핵심가치로 내걸고 외치는 것만으로는 부족하다. 회의를 하거나 평소 대화를 하는 과정에서 그 가치는 받아들여져야 한다. 자신의 가치만 중요하다는 생각에서 벗어나 타인의 아이디어나 의견도 존중해야 한다. 방 안의 코끼리에 대해 서슴없이 말하는 것은 구성원들이 주장한 모든 사항을 받아들여야 한다는 말이 아니다. 다만 그러한 분위기를 가지고 있어야 한다는 이야기다.

회사의 업무 프로세스나 의사결정 사항에 대해 사사건건 태클을 거는 부하 직원이 있었다. 팀장은 다른 팀원들이 이야기를 할 때마다 대안 없이 비판하는 부하직원의 모습이 못마땅했다. 하지만 팀장은 그의 이야기를 끊지 않고 들어주었으며, 그 주장에 대한 타당한 구체적인 자료를 요구했다. 그리고 자료를 통한 서류보고에 대해서는 적극적으로 받아들이겠다는 약속도 했다. 그 후 자료를 통한 서류보고에 대한 부담을 느낀 부하직원의 근거 없는 주장은 사라지게 되었다. 그리고 개선이 필요하다고 비판하던 부분에 대해서는 사실에 근거한 면밀한 조사보고가 올라왔고, 이를 통해 조직의 프로세스에 대한 개선과 더불어 소통이 원활한 창의적인 팀으로 인정을 받게 되었다.

조금은 무례하지만 방 안의 코끼리를 말하는 후배의 이야기를 경청하고 존중해 줌으로써 긍정적인 팀 분위기를 만들었던 사례다.

조직의 책임을 공유한다

2018년 2월 19일, 평창 동계올림픽 스피드스케이팅 여자 팀추월 경기에 출전한 한국팀은 안타깝게 7위를 기록하고 준결승전에 오르지 못했다. 세 명이 팀을 이루어 경기하는 팀추월은 마지막 선수가 결승선에 통과한 기록으로 순위를 가린다. 그래서 세 명이 서로 자리를 바꾸면서 레이스를 하는 것이 특징이다. 그런데 경기 중 한국팀은 마지막 주자로 달리던 선수가 지쳐 있음에도 불구하고 자리를 교체해주지 않고 앞의 두 선수가 먼저 결승선에 도착해버렸다. 아무리 두 선수가 먼저 도착했다 하더라도 한국의 마지막 선수가 가장 늦게 도착했기 때문에 한국팀은 결국 네 팀 중 4위를 기록했다.

조직은 한두 사람의 성과만으로 보상을 결정하는 것이 아니다. 따라서 책임도 한두 사람의 문제가 아니다. 팀 또는 조직에 참여하는 모든 사람이 책임을 공유하는 조직이 변화적응력도 뛰어나다.

전체가 책임을 공유하는 조직은 다음과 같은 특징이 있다.
첫째, 보상은 팀 또는 조직 전체가 이룬 성과를 중심으로 결정한다.
둘째, 시설, 공간, 시간, 예산 등 개인의 자원은 타인들과 공유해 사용한다.
셋째, 자신이 습득한 지식이나 경험을 조직의 구성원들과 자유롭게 공유한다.
넷째, 타 부서의 업무에도 관심을 가지며 자신의 영역에서 도울 방법을 찾기 위해 노력한다.

다음의 사례는 책임의 공유라는 측면에서 모두가 명심해야 하는 사례다.

회사에 근무할 당시, 김 팀장은 사내에서 일어나고 있는 여러 가지 문제점을 발견했다. 첫 번째 성장 동력을 무시하고 다음 단계에 전부를 거는 모습이며, 높은 매출액 대비 이익은 계속 줄어가는 모습 등 위기신호가 오고 있다는 것도 확인했다. 한 사업부문의 작은 팀장이지만 현재 나타나고 있는 문제점에 대해 부문장에게 이야기했고, 경영자도 만나 문서로 만들어 여러 차례 위기감을 전했다. 그러나 경영자는 그 기획보고서를 받기만 했을 뿐 그 후의 행동은 변함이 없었다. 결국 회사는 파산했다.

그 후 김 팀장은 강의도 하고 조직을 진단하는 컨설턴트가 되었다. 가끔 자신이 경험한 파산된 회사의 사례를 말하면서 경영자의 리더십을 지적하곤 했다. 지식도 풍부하고 화려한 언변에 고객들은 공감을 표하고 지지해주었다. 하지만 결국 자신도 그 조직에 팀장으로 있었기에 약간의 책임감은 지울 수 없었다. 여러 번 경영자를 설득하려고 노력했지만, 한편으로 자신의 영향력 부족도 인정하지 않을 수 없었기 때문이다.

조직 구성원 각자 독립적으로 판단한다

의사결정권자는 모든 문제의 정답을 가지고 있지 않다. 따라서 모든 문제를 스스로 혼자 해결하려고 할 필요도 없다.

변화적응적 문제는 불확실한 미래에 대한 의사결정이다. 따라서 변화적응적 리더는 상사가 무엇을 원하는지에 대한 고민보다 '조직의 미션을 달성하기 위해서 올바른 의사결정은 무엇인가'에 대해 구성원들이 독립적인 판단을 하도록 독려해야 한다.

이를 위해 리더는 구성원 개개인이 할 수 있는 일에 대해 독립적 수행가능 여부를 묻고, 가능한 범위 내에서 권한위임을 해야 한다. 리더는 구성원들의 기술적인 전문성을 인정하면서 독립적 판단이 가능하도록 훈련시켜야 한다.

의사결정의 권한이 상사에게 몰려 있을수록 부하직원들은 의존하게 되어 있다. 상사에게 의존하는 비율이 높을수록 상사의 영향력은 과도하게 커지며, 그럴수록 상사는 스스로를 팀에서 제일 중요한 존재라고 착각한다.

이런 조직은 장기적으로 많은 문제를 불러온다. 리더가 의사결정을 하지 않으면 업무진도가 나가지 않으며, 상사가 결재하지 않은 일에 대한 협업은 기대할 수 없다.

부하직원들의 의존성은 상사에게도 부정적인 영향을 끼친다. 리더는 휴가를 가도 진정한 휴가를 즐기기 어렵다. 리더가 없는 상황에서 부하직원은 의사결정을 꺼리게 되고, 그것은 업무마감에 영향을 준다. 결국 부하직원의 독립적 수행능력 부족은 실수로 이어지고 전체의 성과를 갉아 먹는다.

역설적일지 모르지만, 변화적응 리더십은 리더 자신을 불필요한 존재로 만든다. 구성원 한 사람 한 사람을 스스로 판단하고 결정하는 독립주체로 성장시키며, 그들의 비판적 사고와 의사결정 능력을 키워 역량을 높이는 일을 한다. 이를 통해 리더는 오히려 구성원의 신뢰와 영향력을 얻는다.

지속적으로 학습한다

학습은 조직을 성장시키고 긍정적인 영향을 준다는 연구는 많다. 조직학습을 늘리는 가장 좋은 방법은 오프라인 교육을 장려하는 길이다. 하지만 경험학습은 지식의 전달만으로는 한계가 있다. 따라서 구성원들이 직접 경험하고 실험해 보는 방법이 가장 좋은 방식이다.

그런데 조직 안에서 실험을 통해 경험을 얻기란 쉽지 않다. 실패를 허용하는 조직문화가 이미 자리 잡고 있어야 하기 때문이다. 그렇지 않은 상황에서 실험을 통해 성공을 거두면 다행이지만, 실패라도 하는 날에는 누구에게 책임을 돌릴 것인가의 문제 때문이다.

다음은 조직 내 학습을 구조화하는 방법들이다.

〈학습을 구조화하는 방법〉

성찰을 위한 어려운 질문을 하라. 변화적응적 조직을 만들기 위해서는 다음과 같은 질문들을 정기적으로 해봐야 한다.

① 정부규제, 경쟁사 활동, 고객의 우선순위 등 외부환경은 어떻게 변하고 있는가?
② 이런 외부 환경변화에 영향을 받는 우리 조직의 과제는 무엇인가?
③ 조직은 현재 모습과 지향하는 모습 간의 차이점은 수익성, 지속가능성, 다양성 측면에서 무엇인가?
④ 조직이 성공을 이루었다는 것을 어떻게 알 수 있는가?
⑤ 어떤 도전이 다가오고 있는가?

출처:《어댑티브 리더십》로널드 하이페츠 외, 2017

둘째, 위험을 감수하고 새로운 시도를 존중하라.

실험은 위험이 따르기 마련이다. 위험 없는 실험은 누구나 장려한다. 하지만 위험 때문에 실험을 꺼리는 것이다.

조직은 도전 정신이 뛰어난 사람을 좋아한다고 말한다. 새로운 도전을 반긴다며 장려하기도 한다. 하지만 누군가가 나서서 실험하고 도전하는 모습을 보면 장려는커녕 그로 인해 발생된 비용명세서부터 내민다. 이런 시스템은 도전과 실험을 막기만 할 뿐이다.

"박사과정을 밟기 위해서는 회사를 그만두어야 합니다. 그러나 지금 정도의 수입은 항상 보장되어야 합니다."

"지금의 연수원은 창의적인 경험학습을 전달해주기에는 하드웨어적으로 문제가 많습니다. 따라서 더욱 도전적인 프로그램과 시설투자가 있어야 합니다. 하지만 추가적인 자금지원은 곤란합니다."

"경쟁사를 앞지르기 위해서는 여러 가지 실험과 도전을 해야 합니다. 그러나 매출이 떨어지면 안 됩니다."

이러한 결국 지시는 현실에 안주하라는 명령이나 마찬가지다.

셋째, 위험 감수에 따른 합당한 보상을 하라.

조직은 위험 감수에 따른 보상을 하고 있는가? 만약 이런 규정이 없다면 구성원들은 예측이 가능한 일에만 참여하고자 할 것이고, 위험부담이 있는 일은 꺼려 할 것이다. 변화적응적 리더를 양성하기 위해서는 결과가 예측 가능하고 성공이 보장된 업무만 추진하는 약삭빠른 사람보다, 위험을 감수하면서 얼마나 헌신하고 노력했는지에 대한 보상 기준이 마련되어야 한다. 위험이 뒤따르는 실험이라도 과감히 도전하고 이를 공유한 사람에 대한 보상이 필요하다.

  이런 행동은 도전적이고 창의적인 헌신을 하는 구성원들의 혁신적 사고를 자극할 것이다. 하지만 조직이 안전한 구역 내에서 안정이 보장된 업무를 통해 목표를 달성한 사람에게만 보상한다면, 창의적 도전을 가치 있게 여기는 조직에게 조만간 인재를 빼앗기게 될 것이다.

8 장
변화적응적 도전의 진단

변화적응적 도전의 진단

변화적응적 도전이 어려운 이유

하루가 다르게 밀려드는 정보의 물결을 보면서 기업환경과 업무환경도 바뀌게 된다. 현재 리더의 자리에 위치한 90년대 이후 입사한 사람들은 아날로그와 디지털 세대를 모두 경험했다.

학창 시절 배웠던 수업 중에는 이미 사라진 과목도 많고 새롭게 등장한 학과도 헤아리기 힘들다. 제4차 산업혁명을 앞두고 개인적으로 배우고 익혀야 할 부분도 한두 가지가 아니다. 이러한 가운데 조직의 리더로서 조직을 둘러싼 환경의 변화와 내부 시스템을 진단하고 수정해 적응력을 키우는 일이야말로 힘든 일이다.

변화적응적 도전은 다음과 같은 특징 때문에 리더를 힘들게 한다.

조직의 문화를 건드려야 한다

변화하는 환경에 조직을 적응시키기 위해서는 조직문화의 근간인 조직 시스템을 수정해야 한다. 기존의 조직 시스템을 수정하는 것은 말처럼 쉬운 일이 아니다. 현재의 조직 시스템은 나름대로 이유가 있어서 만들어졌기 때문이다. 그런데 이 조직을 변형시켜야 하고 시스템을 수정한다는 것은 이미 구축하는데 기여한 사람들에 대한 내부적인 도전이다.

우리는 관행적으로 만들어진 문화 중에서 무엇을 버릴 것인가?
우리는 관행적으로 만들어진 문화 중에서 무엇을 보존할 것인가
과거 성공적으로 작용된 요소 중에 새롭게 개발할 것은 무엇인가?
과거 성공적으로 작용된 요소 중에 서서히 없애려 하는 것은 어떤 것인가?
변화적응적 리더는 이러한 생각을 끊임없이 해야 한다.

정치적인 이해관계자가 얽혀 있다

변화적응적 도전이 힘든 점은 이해관계자가 얽혀 있다는 것이다.
어떤 조직의 팀장은 새롭게 만들어진 회원제 조직에서 교육 콘텐츠를 만들어 강좌를 개최하는 업무를 돕게 되었다. 그는 회원제 조직의 직원은 아니었다. 다만 파트너 형태로 교육을 기획하고 운영하

는 일을 도와달라고 본부장으로부터 부탁을 받은 것이었다.

교육사업으로 얻어지는 이익금은 조직을 건강하게 운영할 수 있는 기초 자금이 될 것이며, 팀장 자신에게도 도움이 되는 일이었다. 그래서 좋은 강좌로 만들기 위해 혼신의 노력을 쏟았다.

이 교육이 이 조직의 캐시카우(Cash cow)가 되기 위해 단순히 일회성 강좌가 아니라 지속성을 가져야 한다는 것을 팀장은 경험적으로 깨달았다. 따라서 교육만족도가 높아야 한다는 것은 필수적인 조건이었고 이를 위해 팀장은 열심히 노력했다.

1차 교육이 끝난 후 팀장은 교육과정 1기에서 낮은 점수를 받은 강사들은 빼고 2기의 강사진을 새롭게 구성했다. 그런데 상사인 본부장은 하위 점수를 기록한 강사진들을 교체하라고 지시한 것이다. 팀장은 타당한 이유를 대면서 곤란하다고 자신의 입장을 피력했다. 하지만 본부장은 자신의 입장을 전혀 바꾸려 하지 않았다. 최하위 점수를 기록한 강사진들의 대부분은 이 조직에 적극적으로 자금지원을 해주는 사람이기에 그들이 빠지면 차후의 자금 지원이 끊길 수도 있다는 염려 때문이었다. 외관상 강사진의 구성 및 운영과 교육의 품질은 팀장의 책임이었지만, 실질적 운영의 권한은 본부장에게 있었다.

팀장에게는 본부장과 교육 참가자들이 이해관계자가 되지만, 본부장에게는 팀장과 자금지원을 해주는 몇몇의 회원들이 이해관계자다. 이처럼 변화적응적 도전은 이해관계자가 얽혀 있어서 조직의 내부시스템을 바꾼다는 것이 대단히 힘든 일이다.

바뀐다고 지금보다 나아진다는 보장이 없다

변화적응적 도전을 알고 대응하기 위한 대책을 만드는 과정에서 경영자가 직접 지원을 해준다면 이보다 힘이 되는 일도 없다. 문제는 경영자의 설득을 얻어내는 것이다. 경영자는 한정된 자원 내에서 효율성을 강조하면서 분배하려고 할 것이며 타당한 설득력을 얻지 못하는 기획서는 보류시킬 것이 뻔하다.

변화적응적 문제는 기술적인 문제처럼 전문성만 갖추는 것으로는 곤란하다. 그리고 결과가 얼마나 좋아진다는 결론을 내리기도 어렵다. 어쩌면 많은 자금을 투자했어도 프로젝트는 허사가 될 수도 있다. 그렇게 되면 그 자원을 다른 곳에 사용했더라면 훨씬 나았을 것이라는 비평도 한몸에 받을 것이다. 따라서 변화적응적 도전의 문제는 해결 후의 상태가 지금의 상태보다 더 나을 것이라고 확신하기 어렵다.

변화적응적 도전의 진단법

변화적응적 요소와 기술적 요소를 분별해내라

진단의 첫 번째 단계는 기술적 문제와 변화적응적 문제를 구분하는 일이다. 명확한 진단을 위해서는 분야의 전문가를 활용해 분석할 것을 권한다. 여기서 주의할 점은 전문가의 분석에만 국한해서는 안 된다. 전문가들이 내놓은 분석과 관점을 넘어서서 바라보아야 한다. 실질적으로 변화를 이끌기 위해서는 조직 내부의 정치적인 성향이나 조직문화를 면밀히 살피고 고려해야 하는 것이다.

　변화적응적 리더는 조직 내부의 구성원이나 이해관계자들 간의 신념이나 가치들이 얽혀 있는 것을 문제의 핵심으로 여긴다. 일반적인 사람들은 변화적응적 문제를 기술적인 문제로 여겨 복잡한 문제의 원인을 찾으려고 한다. 또는 새로운 도전이 두려워 냉정한 분석을 하기보다는 상황에 순응하거나 회피하려 한다.

　변화적응적 도전을 기술적인 문제로 해석하려는 사례는 얼마든지 찾을 수 있다.

　어느 회사의 사장은 직원들이 야근을 하지 않았으면서 야근계를 제출해 야근 수당을 챙기는 사례가 있다는 것을 감지했다. 금액도 금액이지만 자기 회사에 그런 부도덕한 직원들이 있다는 것에 심한 분노를 느낀 사장은 이 문제를 적극적으로 해결하고자 했다. 그래서 모든 직원들에게 RFID 카드를 만들어 전자식으로 출퇴근을 관리했다. 하지만 몇 달이 지나도 야근수당으로 지출되는 비용은 줄지 않았다. 퇴근하는 직원들이 자신의 RFID 카드를 야근하는 사람에게 맡기고 퇴근하면서 야근 수당을 챙겼기 때문이다. 결국 시스템 구축 비용은 비용대로 들고, 야근수당을 허위로 올리는 일은 개선되지 않았다.

　또 하나는 어느 마트에서 벌어진 일이다. 마트 사장은 길 건너 새로 생긴 경쟁사 마트가 매장규모도 크고 상품도 많아 자신이 운영하는 마트보다 매출이 많다는 것을 알았다. 나이나 경험으로 볼 때 길 건너 마트 사장보다 자신이 훨씬 낫다고 자부한 그 사장은 배가 아팠다. 여러 가지로 경영효율화를 꾀하던 사장은 계산대 직원들이 하루 근무시간 중 평균 60~70퍼센트만 일을 한다는 것을 발견했다. 직원들이 일하는 시간의 30~40퍼센트는 시간은 잡담을 하거나 쉬고 있다는 것이었다.

사장은 어떻게 하면 직원들의 잡담시간을 업무시간으로 돌릴 것인지 고민했다. 고민 끝에 직원 수를 줄이고, 각 코너 사이 간격을 줄이고 상품의 양은 늘렸다. 그 결과 직원들에게 나가던 급여만큼의 원가를 절감하고 직원들의 시간활용도를 80~90%로 늘릴 수 있었다.

하지만 6개월이 지난 후 결산을 해보니, 매출은 오히려 줄고 비용이 증가하는 역효과가 나타났다. 마트 직원의 퇴사가 자주 일어나 업무에 미숙한 계산대 직원들의 실수가 늘었다. 계산대 앞에 길게 줄서서 기다리기에 짜증 난 손님들은 다른 마트로 발길을 돌리고 말았다.

변화적응적 문제를 제대로 이해하고 실행하기란 쉽지 않다. 이미 관행으로 자리 잡힌 조직문화를 바꾸기도 힘들고, 전체를 균형 있게 바라보는 통합적인 사고가 쉽지 않기 때문이다. 기존의 관행을 깨뜨린다거나 통합적 사고를 위해서는 제3자의 입장에서 바라보는 것이 중요하다. 조감도를 보듯이 먼발치에서 객관적인 시선으로 바라보는 것이다. 하지만 당사자인 자신이 객관적인 시선으로 바라본다는 것도 말처럼 쉽지는 않다.

그렇다면 어떻게 하면 당면한 문제를 기술적인 문제가 아닌 변화적응적 도전이라고 파악할 수 있을 것인가? 우리가 직면한 문제가 변화도전적인 문제인지 기술적인 문제인지 여부를 구분할 수 있는 방법으로 조직 구성원들이 흔히 하는 말이 있다. 그것은 다음과 같은 직원들의 반응에서 찾을 수 있다.

"이 일을 책임질 책임자가 없다. 그래서 누가 해야 할지 모르겠다."

"모두가 남 탓을 한다. '처음에 누가 이 일을 맡았느냐, 왜 이런 식으로 일처리를 했느냐?'고 말이다."

"이 문제는 우리가 해결하기 곤란한 고차원적인 문제라서 해결은 힘들다."

"지금도 문제가 없다. 전에는 안 그랬나? 왜 저 난리인지 모르겠다. 현재에 그냥 만족한다."

또한 변화적응적 도전에 직면했을 때, 이것을 알아차릴 수 있는 단서로 다음과 같은 것들이 있다.

첫째, 반복되는 실패다.

앞에서 이야기한 것처럼 바와 같이 리더십의 가장 흔한 실수는 기술적 해결방법으로 변화적응적 도전을 해결하려 하는 것이다. 조직에 직면한 문제 자체만 바라보거나 잘못 해석함으로써, 조직을 둘러싼 환경을 읽지 못하는 경우다.

서울에 본사를 둔 어느 프랜차이즈 매장은 브랜드 인지도가 높아짐에 따라 매장 수를 늘려갔다. 이 회사는 전국 곳곳으로 진출했고 매출도 지속적으로 상승했다. 본사에서는 점포직원들이 공통된 서비스를 제공하는 것이 옳다고 판단해 서비스 매뉴얼을 만들어 배포했다. 그리고 그 매뉴얼대로 하지 않으면 부정적 평가를 받을 수 있다는 점도 공지했다.

그런데 서울에서 사용하는 용어와 말투가 부산에서는 거부감이 있다는 것을 깨달은 부산의 담당자는 서울 본사에 매뉴얼을 수정해 줄 것을 요청했다. 그러나 본사에서는 거절했다. 부산의 담당자는 재차 매뉴얼 수정을 요청하는 장문의 글을 써서 올렸지만, 서울 본사에서는 아무런 반응을 보이지 않았다. 그러자 부산의 담당자는 지난번보다 격한 어조로 메일을 보냈다. 그동안 대꾸도 없었던 서울 본사의 반응에 대해 실망과 감정이 상했다는 말도 함께 보냈다. 그러자 본사에서는 부산직원을 품행이 바르지 못하다는 이유로 해고해 버렸다. 그 문제를 해결하는 일보다 직원 하나 해고하는 일이 더 쉬운 일이었기 때문이다.

이런 사례는 우리나라의 검찰개혁 문제를 보면 쉽게 이해가 된다. 문제가 터질 때마다 정계나 재계의 손을 들어주는 검찰의 행동이 잘못되었다는 것을 국민 모두가 알고 있다. 검찰 스스로도 자신들의 문제점을 익히 알고 있지만, 그들은 검찰 조직 내부의 당사자를 징계나 좌천시켜 문제를 종결시키려 한다. 이러한 검찰의 반복적인 실패는 변화적응적 도전임을 알지 못하고 기술적인 문제로 돌려버리려는 전형적인 행동이다.

둘째, 권위자에게 의존한다.
기술적인 문제는 전문적 기술을 가진 권위자에게 의존하는 것이 타당하다. 하지만 변화적응적 문제는 다른 사람들의 협조를 구하거나 협상을 통해 해결해야 하기 때문에 새로운 역량과 태도가 필요하다. 따라서 관련된 사람들과 설득, 협상, 이해 조정 등의 역량이 요구된다. 이러한 과정에서 리더는 많은 학습을 하게 되고, 내부는 물론 외부의 사람들과 긍정적인 관계를 형성해야 하며, 장기적인 관점에서 바라보면서 일을 해야 한다는 것을 깨닫게 된다.
변화적응적 문제를 구조화하기 위한 기본적인 진단구조는 다음과 같은 네 가지로 요약할 수 있다.

① 현재 당면한 문제는 무엇인가?
② 이 문제와 연결된 사람은 누구인가?
③ 이해관계자와 얽힌 변화적응적 도전과 관리해야 할 갈등은 무엇인가?
④ 실행할 내용은 무엇인가?

도출된 문제의 행간을 읽고 단서 찾기
변화적응적 도전을 인식하기 위해서는 사람들이 말하는 그 문제 이상의 것을 볼 수 있어야 한다. 그들의 몸짓이나 언어 형태, 시선이나 감정 그리고 에너지 등을 파악하고, 그들이 말하는 것뿐만 아니라 말하지 않는 것에도 관심을 가져야 한다.

그리고 구성원들이 말하는 것과 행동하는 것의 차이도 읽어야 하고, 행동과 정책 사이의 차이도 분별할 줄 알아야 한다. 조직 내에서 업무가 공식적으로 흘러가는 것도 있지만 비공식적으로 나아가는 프로세스도 참고해야 한다.

이러한 과정을 세밀히 살펴보면 비공식적인 파워를 가진 사람을 알 수 있다. 그리고 문제해결에 대한 방안을 임시적으로 제시할 때, 격하게 반응을 보이는 사람을 관찰하면 이해관계 및 또 다른 문제점을 발견하거나 해결책을 얻을 수 있다.

변화적응적인 도전의 전형적인 특징을 이해하라

기업 외부의 환경은 복합적으로 나타난다. 혁신적인 신기술, 소비자의 선호도, 사회적인 가치의 변화, 정치적인 환경의 변화, 지역적으로 나타나는 문화적 차이 등이 그것이다. 이에 대해 조직도 복합적인 대응이 필요하다.

하이페츠는 변화적응적 도전이 주로 네 가지 패턴으로 나타난다고 말했다. 그 네 가지는 대부분 복합적이지만 패턴을 이해하면 조직이 직면한 변화적응적 도전을 쉽게 이해할 수 있다.

첫째, 가치관과 실제 행동의 차이로 발생한 문제다.
우리는 일과 삶의 균형이 중요하다는 것을 알고 있다. 그러나 막상 자신이 사용한 시간들을 분석해보면 업무에는 막대한 시간을 사용하면서 가족이나 자신을 위한 시간은 적었다는 것을 알 수 있다. 아이들에게 자상한 부모가 되기를 희망하지만, 아이들과 놀아주는 시간은 정작 일주일에 3시간도 안 된다는 것을 깨닫는다. 이처럼 사람들은 인식하는 것과 실제 행동 사이에 차이가 발생한다.

조직도 마찬가지다. 조직의 핵심가치는 고객을 최우선으로 알고 그 가치를 실현하겠다고 다짐한다. 하지만 정책을 실행하는 과정에서 고객은 뒷전으로 밀리는 경우를 흔히 발견한다. 부서간의 이기주의를 버려야 한다는 것을 알고 있지만, 지금까지 행동해 온 방식이 현재를 만들었고 상사에게 보상을 받거나 인정받고 있다면 부서 이기주의는 더욱 강화된다.

둘째, 서로 가치가 충돌해 발생하는 문제다.
변화적응적 도전이 가진 특징 중의 하나가 가치의 충돌 문제다. 리더는 가치가 충돌하는 문제를 해결하기 위해 고통스러운 선택을 해야 한다. 그것이 한편에게는 이익이 따르지만 어느 한 편에게는 고통이 수반되는 선택일 수도 있다.

예를 들어 다국적 기업에서는 일관된 서비스를 원하지만 각 나라의 특성을 고려하지 않으면 안 된다. 맥도날드가 소고기를 사용해 햄버거를 만들지만 인도에서는 곤란하기 때문이다. 사장은 빠른 성장을 위해 늦게까지 일해주기를 위하지만 대부분의 젊은 직원들은 가족과 함께 저녁을 보내기를 원한다.

셋째, 말해야 하는 것을 말하지 않아 생기는 문제다.

회의에 참석한 사람들은 회의실에서는 아무 말도 하지 않다가 잠시 담배를 피우러 나와서는 말이 많다.

"왜 저런 걸 시키는 거야?"

"아이디어를 내면 뭐해. 결국 내 일만 늘어나는데."

"말 한다고 되나? 입만 아프지."

조직 내에서 구성원들이 말하지 않는 데는 분명 이유가 있다. 그 중의 하나는 조직이 원하지 않는다는 것이다. 예민한 문제를 언급해 갈등이 유발되고 긴장감이 고조되기 때문이다. 암묵적으로 금기시된 문제를 언급하는 사람은 눈치 없는 사람으로 찍히거나, 마녀사냥의 대상이 될 수 있다.

넷째, 과업 회피해서 생기는 문제다.

변화와 혁신이 당연한 과제가 되고 피할 수 없는 상황이 되면, 그 불편함을 타인에게 떠넘겨 해결하려 한다. 실제로 권한이나 영향력은 없는 TF팀을 만들어 책임을 떠넘기거나, 전담반 혹은 전담요원을 두고 처리하도록 만드는 일처럼 말이다. 이러한 조치는 다른 팀에게 영향을 미칠 수 있는 구조가 없고 다른 팀장들에게는 책임이 부여되지 않기 때문에 제대로 된 변화를 일으키지 못한다. 그리고 매출이 줄거나 시장점유율이 낮아지면 외부 환경의 탓으로 돌린다. 결국 책임을 면하고자 주의를 분산시키는 여러 가지 방법을 동원해 과업을 회피한다.

변화를 이끄는 실행 디자인

조직은 전략을 따라야 한다

조직구조는 전략을 따른다("Structure follows strategy"). 이는 미국 경영학자 챈들러의 말이다. 전략이 조직구조를 따라서는 안 된다는 말이다. 조직의 비전을 만들고 그 비전을 달성하기 위해 전략을 기획한다. 그 전략이 제대로 움직이기 위해서 조직구조를 개편하고 수정되어야 한다.

기존의 조직구조는 기존의 전략을 실행하기 위한 가장 효율적인 방법으로 조직화되어 있었다. 기존의 전략과 관련이 없는 정보나 데이터는 처음부터 차단하거나 말소시킨다는 말이다. 즉 조직은 새로운 전략을 받아들이지 않는다.

또한 조직구조를 새롭게 구성하는 일은 단순한 일이 아니기 때문에 시간이 오래 걸린다. 조직이 복잡하고 거대할수록 더욱 그렇다. 하지만 환경 적응적 변화에 대한 방법론을 선택하는 전략은 신속하게 수정, 보완이 가능하다. 조직구조를 바꾸는 것보다 훨씬 쉽고 자원도 많이 들지 않는다. 따라서 조직 변화를 꾀하기보다는 조직구조는 그대로 유지를 하면서 그 조직이 수용 가능한 선에서 상대적으로 손쉬운 전략을 선택하려 한다.

조직구조는 전략을 따라야 한다. 환경에 따라 전략을 만들고 전략에 따라 조직을 구성하는 것이 변화를 이끄는 실행 디자인이고 적합한 설계도라는 것을 잊지 말아야 한다.

전략과 실행 사이의 격차 줄이기

좋은 전략이 있어도 실행하지 않으면 무용지물이다. 실행이 제대로 이루어지지 않으면 변화적응의 목적지인 조직의 성장, 경쟁력, 적응력이 저하되기 때문이다. 변화적응 리더는 좋은 전략을 수립하는 것도 중요하지만 그 전략을 얼마나 성공적으로 실행하는가에 따라 결정된다.

전략과 실행의 격차를 줄이는 방법으로는 전략계획수립과 실행 사이에 실행계획수립 단계를 추가하는 것이다. 실행계획은 최적의 변화적응 방안들을 도출한 후 가장 적정한 대응방법을 정하고 그 내용을 직원들에게 알리며 실행하는 과정이기에 전략적 목표를 달성하는 데 막대한 기여를 한다.

실행계획수립 단계에서 가시적으로 나타나야 하는 것이 실행의 도구, 기법, 일정관리 등이며 또한 협조를 얻어야 하는 부서나 이해관계자 그리고 결과물이다.

또한 일정관리 중 가장 중요한 영역이 있을 수 있다. 전략의 효과성이 나타나는 영역이 될 수도 있고 전체의 실행에 있어서 절반 이상을 차지하는 영역일 수도 있다. 이러한 중대 영역을 관리하기 위해서 별도의 중대 영역을 설정하고, 이때 나타날 가능성이 높은 위험요소를 예측해보고 대응 방안을 수립하는 것까지를 실행계획수립 단계로 볼 수 있다.

변화관리자의 일곱 가지 원칙

변화적응 리더가 실행안을 디자인할 때 다음의 일곱 가지 원칙을 놓치지 말아야 한다.

첫째, 제3자의 입장에서 계획하라.

제3자의 관점으로 계획한다는 말은 관찰자의 입장에서 감정을 배제한 상태를 말한다. 계획을 세우고 실행안을 디자인할 때 다음의 일곱 가지에 따라 생각해보기를 권한다.

① 주변에서 일어나고 있는 일을 관찰하라.

외부적으로는 고객들의 클레임과 컴플레인의 내용을 살펴보고, 조직 내부적으로 직원들의 불만이나 갈등 내용을 관찰하라.

② 행동하는 동안 끊임없이 상황을 진단하라.

변화적응적인 문제를 진단 및 수정하고, 리더의 행동도 디자인하고 수정하면서 조직의 상황을 계속 주시해야 한다.

③ 한 가지 이상의 해석을 만들어보라.

시스템을 진단하면서 한 가지 문제를 발견하게 되면 모든 원인이나 결론을 그쪽으로 몰아가는 경우가 많다. 조직의 문제는 한 가지만으로 이루어진 것이 아니라 여러 가지 복합적인 원인이 있을 수 있다. 진단한 내용을 토대로 여러 가지 해석을 하려고 노력하라.

④ 상황 속에 특정한 패턴이 존재하는지 살펴보라.

이슈가 되는 상황을 열심히 주시하다 보면 일정한 패턴을 발견할 수 있다. 그 문제가 단순히 우리 조직에서만 일어나고 있는 문제인지 다른 조직에서도 발생되고 있는 문제인지 파악해 볼 필요가 있다. 만약 다른 조직에서도 나타나는 문제라면 반드시 공통점이나 패턴이 보일 것이다. 전문가와 비전문가의 차이는 그 흐름을 보면서 공통점과 차이점을 구분해 내는 일이다.

⑤ 자신이 해석한 내용이 지나치게 편향적이거나 관행적인지 의심해보라.

제3자의 입장에서 봐야 하는 이유 중의 하나는, 인간은 자신의 행동요소에 대해 관대하게 생각하는 경향이 있기 때문이다. 사람은 자신도 모르게 편향적이 되고 타당성을 주장하려 한다. 변화적응적 리더는 타성에 젖은 관행적 사고에서 벗어나 가치중립적인 생각으로 풀어갈 방법을 찾는다.

⑥ 자신이나 타인으로부터 영향을 받는 행동요인은 무엇인지 자신의 내면을 살펴보고 동료들에게 물어보라.

특히 리더는 조직 내부와 외부의 이해관계자 및 자신을 지지해 준 사람들에게 영향을 받고 있다는 점을 주목해야 한다. 그들에게 보여주어야 할 명분 때문에 행동하려는 경향은 없는지 자신을 관찰하고 주변인들에게도 자주 물어봐야 한다.

⑦ 행동진단 후 수정하고 계획을 재구성하라.

계획은 계획이다. 처음에 만든 계획대로 이행이 되는 일은 거의 없다. 자금적인 문제도 시간적인 문제도 처음과 달라질 수 있다. 그래서 도중에 수정하고 다시 재수정해 일을 추진하기 마련이다. 상사가 재촉을 하거나 때로는 추진력이 있다는 인정을 받고 싶은 욕구 때문에 빨리 마무리를 하고 싶은 마음이 솟아오를 수 있다. 이럴수록 마음을 차분히 가라앉히고 자신의 행동을 수정하고 계획도 재구성하면서 추진해야 한다.

둘째, 문제의 공감도를 체크하라.

조직 내 문제에 대해 대처해야겠다는 의지가 어느 정도 있는지를 체크해야 한다. 만약 문제에 대해 절박함을 말하는 사람들이 늘어나고 있다면 문제는 어느 정도 무르익은 상태다. 조직 내 특정 집단은 많은 관심을 가지고 있지만, 다른 부서에서는 관심이 적다면 아직 무르익지 않은 상태. 조직 내에서 문제가 어느 정도 공감을 일으키고 있는 상태라면 주변에서 협력자와 지지자들을 쉽게 얻어 낼 수 있다. 하지만 아직 공감대가 형성이 되지 않았으면 많은 사람들을 설득하는 작업으로 오히려 더 많은 체력을 낭비할 수 있다.

셋째, 명확한 역할을 인식하라.

조직 안에서 자신의 위치는 어디인지 살펴야 한다. 전체를 관할하는 임원의 위치인지, 아니면 많은 팀장 중에 하나인지 그 위치와 역할에 따라서 변화적응적 문제를 다루는 것도 달라질 수 있다. 이를 위해 평소의 이미지는 어떤 모습이었는지도 점검이 필요하다. 왜냐하면 변화를 이끄는 리더는 기존의 행동방식만으로 곤란하기 때문이다. 리더가 보여준 기존의 행동방식은 앞으로 변화를 맞이하는 리더에게 걸림돌이 되기도 한다. 따라서 변형된 스타일을 보여주고 주의를 끄는 기술도 필요하다. 조직 내 구성원들이 집중할 수 있도록 위기감도 보여야 하며, 변화의 중요성을 강조하기 위해 강력한 어조로 말하는 것도 필요하다.

넷째, 시스템 분석의 해석 내용을 구조화시켜라.
시스템을 분석하고 그것을 해석했다면, 그 해석을 제대로 구조화시키는 것이 필요하다. 구조화가 잘된 해석은 어떤 행동을 해야 하는지, 왜 그 행동이 중요한지, 어떤 방식으로 행동을 해야 하는지를 명확하게 알려준다. 구성원들이 공감하는 내용을 자극하게 되면 영감을 받고 변화를 향해 움직이게 된다. 구성원들의 공감을 얻어내려면 그들의 마음이 어디에 있는지 읽어야 한다. 구성원들이 두려워하는 것은 무엇이고, 그들이 가장 가려워하는 것은 무엇인지 해석해야 한다. 이런 해석을 구조화하면 리더의 변화적응적 행동은 추진력을 얻게 된다.

다섯째, 실행안을 꾸준히 추진하라.
조직을 움직이는 실행안을 만들었다면 추진하라. 실행안은 개인의 소유물이 아닌 조직의 구성원들이 행동해야 하는 조직의 소유물이 된다. 리더는 실행안이 조직에 전파되고 움직이는 것을 관찰해야 한다. 혹여 과정이 진행되면서 오해가 따르거나 다르게 진행이 되더라도 개입하면 안 된다. 때로는 즉각적인 거부가 오더라도 직접 반응하지 말고 침묵하면서 관찰하고 경청하라. 소통은 말을 많이 하는 것이 중요치 않다. 경청하면서 상대의 반응이나 느낌을 확인하면 된다. 중요한 것은 절대 흔들리지 말고 변화를 받아들이고 행동하는 사람들을 관찰하고 들어주고 함께 반응하는 것이다.

여섯째, 문제와 연관된 다양한 그룹을 분석하라.
당신이 속한 그룹의 사람들과 실행안을 논의할 때 주의 깊게 살펴라. 누가 당신의 실행안에 관심을 가지고 있는지, 반대하고 있는 사람들은 누구인지 살펴라. 그리고 그들의 입장을 열심히 청취하라. 그러고 나서 다시 조직 내 역학관계 지도를 펼쳐 보면서 대응방법을 만들어야 한다. 역학관계 지도를 보면서 만든 대처법은 그들을 설득하는 방법뿐만 아니라 참여도를 높이는데 매우 필요한 일이다.

일곱째, 변화적응적 과업이 사람들의 우선순위가 되게 하라.
변화적응적 과업에 대해 반대하는 사람들을 포섭하고, 그들에게 이 과제를 자신의 우선순위에 넣는다는 것은 정말 힘든 일이다.
누군가가 반대를 한다는 것은 그만한 합당한 이유가 있기 때문이다. 따라서 리더는 그들의 반대 이유를 열심히 들어주어야 한다. 그들의 이야기를 듣다 보면 설득이 필요하기도 하고 때로는 거래도 필요하다. 거래라고 무조건 나쁜 것은 아니다. 여기에서 거래란 서로의 양보를 얻어내는 방식이다. 이것을 얻어내는 대신 다른 것을 주면 된다. 상사가 되었든 타 부서가 되었든 서로에게 필요한 자원들을 나누는 것은 좋은 일이다. 조직 내 좋은 거래는 서로에게 윈윈이 되면서 상호의존적 관계를 만들어갈 수 있다.

9장
조직의 역학관계 진단

역학적 관계파악

역학관계와 정치적 상황

조직의 역학관계를 진단한다는 것은 조직 내 정치적 상황을 고려한다는 말이다. 어떤 조직이든 조직 내부에 정치적인 힘을 가하는 관계자들이 있다. 그 관계자는 조직 내부에 있을 수도 있고 외부에 있을 수도 있다.

정치인들의 예를 들어 보자. 국회는 항상 갈등과 반목이 있다. 국회가 싸우는 곳이라고 여겨지는 이유는 뉴스에서 정당이 다른 국회의원들이 패를 갈라 서로 다투는 모습을 보는 일이 허다하기 때문이다. 국민을 대표해 국회에 모인 의원 대다수는 엘리트이고 능력 있는 사람이지만, 각자 속한 정당이나 이념 혹은 사안에 따라서 갈등이 잦은 탓에 국민들은 소란스러운 정치권을 비난하거나 외면하기도 한다.

이러한 국회의원들의 모습이 잘못일까? 사실은 아니다. 국회의원은 자신을 지지하는 사람들을 위해 당연히 해야 한다고 생각하는 일을 하고 있다. 다시 말해 각자의 지지자를 위해 이해관계를 드러내고, 하나라도 더 얻어내기 위해 발버둥치고 있는 것이다.

국회의원이 자신의 지역구 주민들과 만날 때를 보면 감탄할 수밖에 없다. 자기 의견을 피력하는 주민의 의견을 존중한다. 또한 서로 이해관계가 상충하는 집단이 모여 있을 때에도 마찬가지다. 만약 한쪽 편을 들어 이익이 생기면 다른 한쪽 편에 손실이 따른다는 것을 알고 있다. 하지만 그들 모두가 자신을 국회의원으로 만들어준 사람들이므로, 노련한 국회의원은 절대로 그것을 잊지 않는다.

사람들이 모여 집단을 이루는 곳은 정치적 상황이 존재한다. 기업은 더욱 그러하다. 한정된 자원을 배분하는 가운데 더 많이 가져가려는 협상의 문제나, 투자하고자 하는 사업의 결과가 누구에게 긍정적 결과를 안겨주는지에 대한 이익추구의 관계가 존재한다.

리더는 항상 "무엇을, 어떠한 목적으로, 어떻게"라는 문제를 안고 의사결정을 해야 하는 자리다. 이러한 문제를 다루다 보면 조직의 역학관계를 다루는 일은 무척이나 불편하다. 하지만 리더에게는 필요악이기도 하다.

따라서 리더는 조직 내 얽혀 있는 역학관계를 이해하고 이해관계자들에 대한 다음의 내용을 정의해야 한다.
- 현재의 문제가 해결이 되면 그들은 어떤 영향을 받는가?
- 그들은 문제해결을 통해 어떤 결과를 기대하는가?
- 그들은 이 문제에 대해 얼마나 관심을 갖고 관여하고 있는가?
- 그들은 어떤 자원을 가지고 있으며 어디까지 영향력을 끼칠 수 있는가?

이해관계자들과의 관계형성

이해관계자들의 다음과 같은 사항을 파악하면 변화적응 리더십을 발휘하기가 편해진다.

이해관계자들의 행동에 영향을 미치는 근간을 파악하라

리더가 어떤 문제를 파악하고 해결하려고 할 때 방해하거나 훈수하려고 나서는 사람이 있기 마련이다. 그들을 관대하게 대하기는 어렵지만, 그렇다고 스트레스를 받을 일도 아니다. 문제에 개입을 하는 사람을 훼방꾼이나 비합리적인 사람으로 볼 필요도 없다. 오히려 개입하는 당사자를 합리적으로 판단하면서 이익을 추구하고 있는 사람으로 바라보는 것이 리더에게는 이득이다. 이해관계자들을 합리적으로 판단하는 사람이라고 인정하는 순간 그들의 행동방식의 근간인 가치나 원칙을 발견하게 된다. 그러고 나면 복잡하게 보였던 이해관계자들을 이해하게 된다.

리더가 이해관계자를 이해하게 되면 차후 그들을 전략적으로 활용할 수 있다. 당신이 추구하는 일을 방해하는 사람들 중에 당신을 지지해줄 사람을 찾을 수 있고, 그들이 가진 가치에 부합한 제안도 가능하다. 즉 리더가 이해관계자에 대해 깊이 있게 이해할수록 자신의 협상력은 높아진다.

같은 편이라는 것을 보여주라

변화적응을 위한 업무를 추진하다 보면 외관상으로 리더의 의지나 계획과는 다르게 진행이 되는 경우가 있다. 만약 목적성을 잃고 다르게 추진되는 것은 다시 검토를 해야 한다. 하지만 내용상으로는 다르지 않지만 보이는 이미지나 모습이 다르게 추진되는 것처럼 보일 때가 있다. 또는 전략상 근본적 취지는 달라지지 않았어도 외부적인 흐름은 반대로 가는 것처럼 보이게 해야 할 때도 있다.

이런 경우 리더에게 긍정적인 검토한 이해관계자들은 조용히 배신감을 표현할 수 있다. 또는 믿었던 리더가 변했다며 날을 세우고 달려들 수도 있다. 왜냐하면 그들은 변화의 방향이 자신들의 이익이나 상황을 대변해주기를 기대했기 때문이다.

이런 경우도 변화적응적 문제를 해결하는 갈등관리 과정에서 자주 나타나는 모습이다. 그런데 조금만 생각해보면 이 모든 문제는 자신이 만든 것이다. 자신을 지지해준 이해관계자들이 이런 생각을 갖게 된 배경에는 리더인 당신이 자주 그들과 만나지 못하거나 믿을 만한 행동을 하지 못했기 때문이다. 만약 그럴만한 오해의 여지가 있는 일이라면 반드시 찾아가서 말해야 한다. 상황을 설명하고 오해가 될 만한 일들에 대해 미리 알려야 한다. 변화적응적 도전을 해 나아가는 과정에서 항상 같은 편이라는 것을 알려야 한다. 그리고 그런 믿음을 주어야 한다.

자원의 손실을 미리 알려야 한다

국가는 연말에 다음 해의 예산을 편성한다. 기업도 마찬가지다. 예산을 편성하면서 금전적 계획을 수립하지만 투입할 다른 자원계획도 필요하다. 새롭게 뽑아야 할 직원에서부터 다른 부서로부터 지원을 받아야 하는 사항, 기존의 직원들과 TF를 구성해 추진할 업무 등 자원계획도 매우 중요한 일이다. 업무가 추진될수록 예산보다 적게 드는 경우도 있지만, 기존의 예산을 초과하는 경우도 있다. 이런 경우 국가도 추가경정예산을 편성하곤 한다.

변화적응 리더십은 상당한 손실을 각오하고 추진하는 리더십이다. 변화와 혁신을 꾀하는 조직개편은 과감한 인력감축이 예상되고, 미래를 대비하는 신사업 추진은 막대한 예산이 소요된다. 이처럼 변화적응적 도전에는 많은 자원투자나 출혈이 뒤따르기도 한다.

예상치 못한 자원투자를 좋아하는 사람은 없다. 그렇다고 미래에 나타날 손실이나 자원의 투자를 말하지 않으면 안 된다. 이해관계자들에게 예상되는 리스크나 위험요소에 대해 미리 알리고 대책을 마련해 놓으면, 그 손실에 대해서는 자연스럽게 받아들일 수 있다. 잠재적으로 예상되는 손실은 자금, 안전, 조직의 안정, 시간, 인력의 낭비, 부서 간의 갈등 등이다.

역학관계 파악 후 행동법

추진력은 역학관계에서 나온다

조직 내 세력장을 분석하라. 세력장을 분석한다는 것은 조직 내 권한을 가진 사람을 파악하고 그 힘을 활용할 수 있는 방안을 고려하는 것이다.

세상에 무한한 권력을 가진 사람은 없다. 주어진 역할에 따라 그 권한이 클 수도 작을 수도 있다. 그리고 그 한정된 자원 안에서 변화를 이루어내야 한다. 그러기 위해서는 조직 내 힘의 분포도를 알 필요가 있다. 그 사전 단계가 자신의 권한의 한계를 인정하는 일이다. 자신의 힘의 한계를 경험하고 인정하고 나면, 그 한계를 넘어 영향력을 발휘할 수 있는 권한을 가진 존재가 보인다. 역학적 관계를 고려하는 일은 조직 내의 이해관계자가 누구인지를 알고 그들의 영향력과 구조적인 연결고리를 이해하며 리더의 변화에 추진력을 가지도록 협력자관계를 구축하는 일이다.

역학관계 파악 후 행동요령

리더에게 가장 중요한 것은 힘이 있는 관계자를 얻는 것이 아니라 조직을 성공적으로 변화시키는 일이다.

훌륭한 변화적응적 리더가 되기 위해서는 자신에게 힘을 실어주는 사람에게만 국한해서는 안 된다. 성공적인 변화를 이끌기 위해서는 반대자와의 통합도 필요하다. 그리고 통합의 과정에서 반대의 의견을 제시한 자의 가치를 반영할 수 있는 환경을 만들어주는 일도 역학관계를 고려하는 일이다.

리더가 역학관계를 이해하고 그들에게 영향력을 발휘하는 방법은 다음의 다섯 가지가 있다.

1) 비공식적인 권한을 확대하라
① 긍정적 신뢰관계를 형성하라.
비공식적인 권한을 확대하는 방법으로 가장 먼저 해야 할 일은 기술적인 문제들을 해결하는 등, 신뢰관계를 형성하는 일이다. 기술적인 문제가 변화적응적 문제와 연결이 되어 있으면 더욱 좋다. 기술적인 문제를 자주 해결해 줌으로써 다른 문제도 잘 해결할 수 있음을 미리 인지시켜 주는 것이 필요하다. 상대는 변화적응적 문제인지, 기술적인 문제인지 관심이 없다. 다만 문제를 잘 해결하는 리더라는 인식을 심어주는 것이 중요하다.

② 자신의 아이디어를 조금씩 공유하라.
평소 작은 아이디어를 자주 제공하고 공유해야 한다. 그럼으로써 자신의 작은 실행을 실험해 보는 것이다. 이런 작은 아이디어와 실

행들이 모여 큰 규모의 변화도 시도할 수 있다. 작은 일이지만 서로 공유하고 나누는 당신의 모습은 조직을 사랑하고 이타적인 사람이라는 인식을 심어준다.

③ 미온적 태도를 보이는 70%를 잡아라.

어떤 아이디어나 생각을 공유하면 20%는 적극적으로 칭찬하고 도와주려는 경향이 있다. 10%는 반대를 하면서 문제가 될 수 있는 사항을 가지고 공격하기도 한다. 나머지 70%는 찬성도 아니고 반대도 아닌 애매한 태도를 취한다. 미온적 태도를 취하는 사람들이다. 이 70%의 사람들과 유대관계를 가지는 것이 중요하다.

유대관계는 직접적으로 만나서 설득하는 것이 아니라, 동호회나 사내 취미활동, 교육이나 체육대회 등에서 한 번의 인연을 지속적으로 유지·관리하는 것을 말한다. 사람들은 어떠한 목적을 가지고 접근하는 것보다 평소 같은 모임이나 자연스런 장소에서 친해진 사람에게 좋은 이미지를 갖는다.

2) 협력자를 찾으라

역학관계를 파악했다면 그것을 충분히 지지해줄 협력자와 그렇지 못한 사람을 분류해야 한다. 협력자가 많다면 그만큼 성공확률은 높다.

일차적인 협력자로 볼 수 있는 대상은 당신이 제안한 실행안이 성공할 때 최고의 혜택을 누릴 수 있는 사람이라고 할 수 있다. 두 번째로 협력자가 될 수 있는 사람은 지금 당장은 이익이 없지만, 과거에 긍정적 관계를 형성한 사람이다. 과거 자신이 도움을 주었던 사람이나 공통점이 많은 사람이다. 군대시절 같은 부대 출신, 같은 학교 출신, 비슷한 연령의 고향 출신이면 더욱 좋다. 마지막으로 가치관이 비슷한 사람도 좋은 협력자가 될 수 있으며 과거 반대의견을 제시했던 사람들도 관심을 가지면 의외로 좋은 친구가 될 수 있다.

3) 반대하는 사람과도 적극적으로 교류하라

실행안에 반대하는 사람은 당신이 추구하는 변화적응적 도전에 최고의 위협을 느끼는 사람이다. 당신이 추진한 변화의 결과로 감원대상이 될 수도 있고 상황이 나빠질 수 있는 위치에 있는 사람이다.

일반적으로 리더가 자신이 추구하는 변화는 가치 있는 것이라고 믿는다. 그래서 반드시 실행해야 한다고 설득한다. 그러나 설득을 하려할수록 그들은 미궁에 빠지게 되므로 그들의 반대감정은 심해지기 마련이다. 설득은 곧 자신에게 위협으로 작용하기 때문이다. 그들에게 당신의 실행안은 궁지로 몰아넣는 영장과도 같다.

이럴 때에는 입장을 바꾸어서 차라리 그들을 이해하려 노력하는 태도를 보이는 것이 필요하다. 당신의 실행으로 그들에게 다가올 손실에 대해 깊은 책임감도 느껴야 한다. 상대방의 입장을 충분히 공감하고 있다는 것과 책임감을 느끼면서 그들의 피해를 최소화할 수 있는 방안에 대해 준비하고 있음도 보여주어야 한다. 이러한 교류는 일회성이 아닌 지속적으로 해야 하며 그들이 요구하면 언제든지 나아가 교류하는 모습을 보여야 한다.

한편 당신이 반대파들에게 공감과 책임감을 가지게 되면 당신도 당신의 실행안을 무리하게 밀어붙이지 못할 수도 있다. 반대자들의 요구에 공감하다 보면 당신은 당초의 계획추진을 반추하게 되면서 계획과 목적에 대한 의심도 품게 되어 재검토나 포기까지 생각하게 만드는 위험도 존재하기 때문이다.

반대자들과의 교류는 기회가 된다.
① 당신이 나쁜 사람이 아니라는 것을 인지하게 한다.
② 긍정적이고 지속적인 교류는 적대감을 줄이고 반대자를 지지자로 바꿀 수 있다.
③ 당신과 그들 사이의 관점을 절충해 제3의 대안을 마련할 수 있다.

4) 최고경영자와 소통하라

변화적응적 리더의 위치가 어느 위치에 있든 바로 위에 있는 상사나 최고경영자와는 지속적으로 소통해야 한다. 소소한 내용까지 전부 드러내면서 말할 필요는 없지만 현장에서 일어나고 있는 상황과 변화, 구성원들이 느끼는 부분에 대해 솔직한 대화가 있어야 한다.

당장 반대하고 있는 세력이나 동요하고 있는 일들로 인해 추진력이 저하될 것을 두려워 사실에 입각한 소통을 하지 않으면, 차후에 더 큰 부담을 안게 된다. 솔직하고 담백한 소통은 미래의 불안정한 상황을 대비할 수 있고, 최고경영자와 연결된 다양한 이해관계도 파악할 수 있다.

5) 피해자를 책임지라

피해자란 변화의 결과로 불가피하게 불이익을 당하는 사람이다. 리더는 바로 이들에게 집중해야 한다. 그들에게 손실을 입게 한 것을 인정하고 그들이 인내하며 견딜 수 있도록 도와주어야 한다. 리더가 피해자에 대해 책임을 다하는 모습은 그들의 마음을 움직여 지지하도록 만들 수 있다. 특히 피해자와 관련된 사람들과의 소통도 중요하다. 그들이 조직내부의 사람일 수도 있고 외부의 사람일 수도 있다. 피해자를 책임지려는 당신의 행동은 피해자 및 관련된 사람들에게 저항감을 줄여준다. 그리고 당신의 행동은 불가피한 상황에 대한 어쩔 수 없는 선택이었음을 수긍하게 된다.

갈등조율법

어느 사립 고등학교의 갈등

어느 사립형 고등학교가 있었다. 그 고등학교는 명문이라는 이름에 맞게 많은 학생들을 좋은 대학에 진학시켰다. 그런데 근래에 들어 명문대 진학률이 떨어지고 있다. 학교에서는 대책 회의가 소집되었다. 고등학교 교사들은 학생들의 진학률을 높이자는 것에 대해 찬성을 했다. 교장이나 학부모들도 마찬가지로 진학률을 높이는 것에 대해 찬성했다. 진학률을 높이기 위해서는 여러 가지 방법이 필요했다.

첫째, 수업일수를 연장해야 한다.
둘째, 자율학습 시간을 늘려야 한다.
셋째, 학생을 유급시켜 대학 진학률을 높여야 한다.
넷째, 공부는 잘하지만 수능에서 좋은 점수를 받지 못한 학생을 재수시켜 명문대로 보내야 한다.

학생들의 대학 진학률과 명문대 진학률을 높이는 것에 대해 반대하는 교사는 없었다. 하지만 과로와 박봉으로 지친 교사들은 진학률을 높이기 위한 방법에 찬성하지 않았다. 수업일수를 연장하며 자율학습 시간을 늘리는 일은 교사들의 과로를 더욱 증가시킬 뿐이다. 또한 학생을 유급시키는 일과 재수를 권장해 지도하는 일은 자신들의 과외 수입과 전혀 상관없는 일이며 피로만을 가중시킨다는 생각이 지배적이기 때문이다.

반면 교장과 학부모들은 과외 수업을 하는 일은 자신들과 상관없는 일이며, 유급과 재수로 명문대 진학률의 상승은 자신들의 업적과 대리만족으로 남을 것이 분명하다. 그들은 기본적인 내용에는 모두 찬성했지만 그 실행방법에 있어서 두 집단은 이익과 손실로 갈라진다. 결국 서로는 자신들에게 유리한 의사결정으로 기본 방침을 바꾸려 할 것이다.

일반적으로 갈등이 없는 조직이 좋은 조직이라고 착각한다. 하지만 어느 조직이나 갈등은 있기 마련이다. 갈등이 있는 조직은 활력이 있다는 말로 해석할 수 있다. 갈등은 조직의 효과성에 긍정적인 영향을 주기 때문이다

갈등이 아주 없거나 적은 조직은 편안하고 안락하게 생활을 한다. 그들은 평화로움을 만끽하며 즐겁게 직장생활을 한다. 그러나 이런 생활이 길어지면 조직은 무사안일에 빠질 수 있다. 또한 조직 갈등이 아주 심해지면 구성원들 간에 파벌이 생기고 그 결과 조직이 분열되기도 한다.

즉 조직 내 갈등이 적거나 아주 많으면 조직에 부정적 효과가 나타나지만, 갈등이 적당하게 존재하는 조직은 생동적이고 활발하며 긍정적인 효과가 많이 나타난다.

조직이 갈등에 대응하는 방식

조직 내 갈등이 등장하면 구성원들은 동요하기 시작한다. 그러한 동요에 조직 구성원들이 일반적으로 대처하는 방식은 다음과 같다.

① 상대를 공격하거나 비난한다

나와 가치관이 다르거나 다른 생각을 가진 무리들을 공격하거나 비난하기 시작한다. 문제해결을 위하여 원만한 절충을 통해 타협점

을 찾거나 제3의 대안을 찾기보다는 공격과 비난이 쉽기 때문이다. 이것은 타인의 이야기를 들으려 하지 않고 자기주장만 하는 경우다.

② 경영자에게 순응하며 의존한다

조직 구성원들은 문제가 나타나면 경영자에게 의존하고 기대려는 경향이 있다. 경영자는 적극적으로 변화에 대응하는 직원들을 좋아하지 않는다고 판단하기 때문이다. 경영자는 적극적 변화가 조직을 긍정적인 방향으로만 갈 수 있다고 확신하지 못하기 때문에 가급적 현재를 유지하려 한다. 변화에 따라 적극적으로 사고하고 동참해 달라는 경영자의 고무적인 연설을 듣고 아이디어를 내는 사람도 있다. 하지만 결국 아이디어는 받아들여지지 않고 회신도 없는 것을 알게 된다. 혹시나 돌아오는 내용은 '조직을 잘 모르고 하는 소리'라는 비난뿐이다. 따라서 구성원들은 자신이 나서서 주도성을 발휘하고 싶어도 자신을 자제하려 한다. 괜히 나섰다가 정을 맞느니 경영자의 움직임을 살피고 순응하는 편이 편안하기 때문이다.

③ 상황을 회피한다

상황을 회피하는 방법은 공격적이고 비난을 하는 경우의 반대적 성향이다. 이는 조직에서 가장 흔히 볼 수 있는 행동방식이다. 자신의 의견이나 생각을 내놓으면 다른 사람의 공격의 대상이 된다는 것을 알고 있으며, 조직은 일을 복잡하게 만들지 않는 사람을 선호한다는 것을 알기 때문이다. 하지만 갈등은 피부에 난 상처와 같아서 소독이나 처치를 하지 않으면 곪아버린다. 회피는 장기적으로 더 큰 자원이 들도록 만들며 갈등을 악화시키는 원인이 된다.

갈등 조율을 위한 5단계

갈등을 조율한다는 것은 드라마나 영화 시나리오 작가가 대본을 만드는 일과 비슷하다. 드라마나 영화의 등장인물들이 서로 조화로운 관계로만 엮여 있으면 재미가 없다. 좋은 성격을 가진 사람들로 구성이 된 드라마는 갈등도 적고 모든 문제가 술술 풀리기 마련이다. 이처럼 갈등이 적고 특별한 문제가 나타나지 않은 드라마는 몇 회를 넘기기 전에 시청자들은 떠나고 만다. 재미가 없다는 이유 때문이다.

인기 있는 드라마 작가는 인물들을 적당히 배치해 서로 간에 갈등을 조장한다. 어떤 사람은 강한 성격을 가지고 공격적인 성향으로, 어떤 사람은 조용하면서 착하고 순종적인 모습으로 표현된다. 그들이 서로 만나 이해관계에 얽히기 시작한다. 그러면서 발단, 전개, 위기, 절정을 거치면서 위기감을 조성하고 파탄의 직전까지 가도록 유도한다. 이러한 극적인 위기감에 시청자들이 좋아하고 흥분한다. 시청자들은 그러한 흥분에 재미를 느끼고, 시청률은 한층 올라간다. 한껏 올라간 긴장감으로 조여오던 흥분은 파국을 맞으면서 갈등에 놓였던 당사자들끼리 서로 이해하게 되고 공감하며 따뜻한 결말을 짓는다.

갈등을 관리하면서 알아야 할 중요한 점이 있다. 그것은 자신과 궁합이 맞는 사람과 어울리면서 세상을 학습하는 것만이 아니라 자신과 반대성향을 가진 사람들과 갈등을 겪으며 문제를 해결해 나가는 과정에서 학습하고 성장한다는 것이다.

조직공동체는 이러한 갈등과 긴장이 반복되면서 성장한다. 갈등을 이겨내기 위해 창의적인 아이디어를 내며 서로 조율하고 타협한다. 우리는 이러한 조율과 통합의 과정을 거치면서 차이점을 인정하고 함께 살아가는 방식을 배운다. 그리고 자신의 선택으로 인해 힘든 과정을 겪게 되는 과정도 배운다. 그러면서 우리의 역량은 점점 커지게 된다.

변화적응적 리더가 되기 위해서는 갈등의 소지가 될 만한 싹을 미리 자르는 것이 묘수가 아니다. 조직 내에서 덮어두었던 문제점들을 찾아내고 드러내어 이를 숙성시키고 신중히 해결하는 연습을 해야 한다. 해결해야 하는 갈등을 예술적으로 승화시킬 줄 아는 리더야말로 변화적응적 역량을 갖춘 최고의 리더라고 말할 수 있다.

갈등을 잘 승화시키려면 다음의 5단계를 적용할 필요가 있다.
이 프로세스는 갈등을 표면화시키는 방법에 대한 가이드이기도 하지만 변화를 이끌기 위한 전략적 과정으로도 사용 가능하다.

① 준비하라.
갈등의 준비는 합리적인 의사결정을 위한 준비라기보다는 조율에 기초를 둔 준비다. 따라서 갈등의 원인을 분석하는 준비가 아니다.

각 분파의 갈등요소가 무엇인지, 그들이 중요하게 여기는 것과 주된 이익 및 손실을 파악하는 것이다. 이를 위해 사전에 대화를 나누고 신뢰를 쌓아 두는 것이 준비과정의 핵심이다.

② 기본 원칙을 세우라.

기본 원칙은 갈등을 안전하게 논의하기 위해서 세우는 원칙이다.

첫 번째로 갈등의 안건을 말해야 한다. 그리고 공유하고 있는 조직의 목표와 현재의 변화적응적 문제를 어떻게 받아들여야 하는지에 대한 개념의 구조 마련 그리고 근본적인 목적이 무엇인지에 대한 원칙을 세워야 한다. 그리고 구체적인 논의를 위한 그라운드 룰을 정하면 더욱 생산성 있는 조율이 된다. 예를 들어, 회의 내용에 대해 비밀유지하기, 핸드폰 전원 끄기, 갈등을 개인적으로 받아들이지 않기, 회의 방식은 ERCR법으로 진행하기 등이다.

ERCR법이란 제거하기(Eliminate), 감소시키기(Reduce), 새롭게 만들기(Create), 높이기(Raise) 등, 어떠한 대안을 세우기 위해 사용하는 창의적인 아이디어 도출법의 하나다. 예를 들어 새해에 실천할 과제를 만들 때에 나쁜 습관을 제거할 것, 또는 줄일 거나 감소시킬 것, 새롭게 시작해야 할 것들 그리고 하고는 있었지만 더욱 증가시키려 노력할 것들을 나열해보는 방법이다.

③ 모든 사람들의 의견을 청취하라.

구성원 중 생각과 관점이 다른 사람들을 초대해 변화적응적 도전과 관련한 역량, 아이디어, 희망적인 전망, 두려움 등을 말하게 하라. 물론 사전에 파악이 된 내용과 일치가 될 수도 있지만 많은 사람들 앞에서 다루는 것을 보면 좀 더 심층적인 파악도 가능하다.

④ 갈등을 조율하라.

그들의 주장과 입장과 이해관계를 명확히 파악하라. 각각의 분파가 주장하거나 말하고자 하는 내용을 드러내도록 이끌고, 확실하고 공정하게 이해하려고 노력하라. 그 안에서 그들의 가치관을 확인하라. 충돌하고 있는 대안의 내용을 명확히 하고 손실을 피하고자 하는 행동이 얼마나 결사적인지 알아보라. 갈등을 조율하는 과정에서 비생산적인 대화가 지속되거나 벽에 부딪치게 되면 그라운드 룰이나 조직의 목표나 원칙을 자주 상기시켜라.

⑤ 손실을 받아들이고 관리하고 격려하라.

변화적응적 실행안이 시행되면 각 분파와 사람들이 받아들여야 하는 손실은 어느 정도인지 생각하게 할 기회를 제공하라. 그들에게 어느 정도의 손실은 불가피하다는 사실을 인지시켜야 한다. 또한 이 과정에서 충분한 시간이 필요하다는 것을 리더는 받아들여야 한다.

갈등을 해결하는 데 있어 충분한 시간은 약이 될 수 있다. 그리고 기대치에 대한 재조정 방안도 간구하라. 협의와 타협을 통한 갈등의 해결은 손실을 입은 분파만이 떠안는 것이 아니라 모두가 책임을 지고 공동으로 도와야 한다는 마음을 나누라.

10 장
리더의 행동 디자인

자신의 행동을 디자인하라

 인간은 복잡한 심리체계를 가지고 있다. 인간은 어릴 적 자신의 주변인들을 통해 형성된 신뢰관계와 의식적이든 무의식적이든 얻은 지식과 경험을 토대로 만 6세 정도가 되면 유아결단을 통해 세상을 바라보는 기준 및 태도 등을 결정한다.
 그리고 성장을 하면서 여러 번 재결단의 과정을 거친다. 청소년기, 성년기, 장년기에 재결단을 하기도 하고, 트라우마 등으로 표현되는 독특한 자신의 경험을 통해 재결단을 하기도 한다. 이러한 재결단의 결과 현재의 자신이라는 심리체계를 갖춘 것이다.
 인간은 개인마다 다른 지식과 다른 경험을 하게 되기 때문에 심리적 구조와 반응체계는 다를 수밖에 없다. 심리적 구조가 다른 사람들이 어떤 사안에 대해 모두 동일한 패턴의 의사결정을 내린다면, 그 조직은 분명 문제가 있는 조직이거나 명확한 가치관으로 무장한 조직이다.

자신을 시스템으로 바라보라

조직이 활성화되었다는 말은 그 안의 사람들이 활발하게 움직이고 있다는 것을 의미한다. 그리고 조직이 변한다는 것은 그 안의 구성원들을 움직이도록 만드는 시스템의 변화를 말한다. 시스템은 구조처럼 하드시스템도 있지만 눈에 보이지 않는 소프트한 시스템도 존재한다. 조직 내 소통방식과 의사결정방식 그리고 구성원들에게 지시하는 리더의 업무방식도 보이지 않는 시스템 중 하나다. 변화적응력이 뛰어난 리더는 자신을 하나의 시스템으로 본다. 자신을 시스템의 일부로 바라보게 되면 나의 행동이 어떠한 투입과 절차에 따라 작용되고 있는지를 합리적으로 분석할 수 있다. 리더 자신에 대한 합리적 분석은 자신의 행동을 수정하고 디자인하기 위한 기초 작업이다.

당신은 사람을 볼 때 어디를 먼저 보는가? 같은 사람을 얼굴을 위주로 보는 사람이 있는가 하면, 전체적인 조화를 보는 사람 그리고 특정한 부위를 위주로 보는 사람이 있다. 리더가 조직의 문제를 바라보는 관점도 자신만의 기준이 있기 마련이다. 개인을 하나의 시스템으로 바라보려면 다음의 두 가지를 명심할 필요가 있다.

1) 가장 중요한 것에 집중해야 한다

리더는 조직의 변화환경에 적응하기 위해 가장 중요한 것이 무엇인지 파악하고 난 후에 그 시스템 안에서 자신이 해야 할 역할이 무엇인지를 통합적으로 이해하는 것이 중요하다.

2) 내 안의 다양한 나를 파악해야 한다

인간은 심리학적으로 여러 개의 내가 존재한다. 여기에서 말하는 여러 개의 나는 정확히 말해 여러 가지의 자아상태요인이라고 표현하는 것이 정확하다.

화를 내고 있는 상대를 향해 동일하게 화를 내도록 명령하거나, 어떤 삶을 살아 왔기에 저토록 화를 내고 있을까 안타깝기 그지없는 사람이라고 생각하거나, 도대체 이런 상황이 화를 낼 만한 사건인지 논리적으로 따져보거나, 크게 화를 내지는 못하지만 그냥 푸념을 하면서 투덜거리거나, 그 상태를 수용하면서 자신을 반성하거나 하는 등 여러 가지 자아상태요인을 가지고 있다. 인간은 이러한 다섯 가지의 자아상태요인이 모여 하나의 심리체계를 구성하고 있다.

이러한 요인들은 우리의 마음속에 내재되어 있다가 외부의 자극에 대해 각각의 요인은 서로가 나서서 나의 존재감을 과시하겠다고 싸움을 시작한다. 그러나 각각의 요인은 어릴 적 자라온 환경에 따라서 발달이 잘된 요인도 있지만 그렇지 못한 것도 있다. 이런 자아상태요인의 발달 정도에 따라 성격이 다르게 나타난다.

이 중에는 모든 자아상태요인들을 통제하거나 격려해주는 것도 존재하는데, 바로 논리적으로 따져보는 요인이며, 이 요인이 발달이 덜 되면 논리적으로 판단을 하지 못하고 충동적·감각적으로 움직이는 경우가 많아진다.

　심리학적 측면에서 인간이 자율성을 가진다는 것은 모든 자아상태요인이 활발하게 작용하는 것이다. 각각의 요인들이 움직여야 할 때 움직이는 것이 중요하다. 그러나 불행히도 움직여야 하는 순간에 움직이지 못하는 요인이 있다는 것은 그 요인이 자율성을 잃은 것이다. 또한 어떤 요인이 너무 자유롭게 움직이려 할 때에 논리적으로 음미해 보고 통제를 하는 요인이 절충을 해보려 하지만, 다른 요인이 과하게 발달한 나머지 통제가 안 되는 경우도 있다. 이는 감정조절의 실패를 맞이하는 경우다.

　한편 이러한 다섯 가지 자아상태요인들은 외부의 자극에 대해 반응하기 전에 서로 조율하려 한다. 자극의 근거에 대해 논리적으로 따져보기도 하고, 자신이 가진 원칙과 기준으로 볼 때에 일치하는 점과 다른 점을 분석하기도 한다. 분석 결과 반응을 시작하는 것을 성격이라고 한다. 즉 성격은 다섯 가지 자아상태요인이 적절히 절충한 결과다. 따라서 성격은 항상 일관된 방향만으로 가려 하지 않는다. 다양한 가치관을 수용하고 이성적으로 판단하며 합리적으로 행동하려 한다. 이처럼 신장된 자율성의 추구를 심리학의 최고의 목적으로 삼기도 한다.

　그러나 불행히도 조직은 리더인 당신에게 한 가지 원칙만으로 일관된 행동을 강요한다. 만일 리더가 다양한 관점을 수용하고 절충안을 마련하려는 순간, 구성원들은 리더를 일관성을 잃어버린 사람이라고 비난할지도 모른다.

 어쩌면 조직은 리더가 다양한 관점을 가지고 다각적인 포용을 시도하는 사람보다 단일한 원칙만을 가지고 강력하게 밀어붙이는 사람을 좋아할지도 모른다. 즉 다양성을 무시하는 사람을 좋아한다는 말이다. 그래야만 분명한 원칙을 가진 사람으로 인식되거나, 자신감 있고 확신에 가득한 믿음직한 사람으로 받아들이는 것도 사실이다.

 그러나 리더가 다양성을 무시하거나 한 가지 관점으로만 보게 된다면 여러 가지 문제점이 발생한다.

 첫째, 주변 사건들을 해석하고 반응하는 나만의 독특한 습관을 인식하지 못한다. 인간은 성장하면서 다양한 지식과 경험을 쌓아왔다. 그 지식과 경험은 차후 선택을 할 때 활용가능한 자원이며 사고체계의 보고다. 이러한 다양한 자원을 활용하지 못하고 선택하며 살아가는 리더는 이미 자율성을 잃은 존재다. 외부에서 한 가지 관점만을 강요하고 있다는 것을 느끼는 순간 리더는 자신의 자율성을 제한하려 한다는 것을 인식하고 더욱 자신의 내면을 살펴야 한다.

 둘째, 리더가 다양성을 무시하거나 한 가지 관점만으로 보게 된다면 다른 사람들이 원하는 방식대로 움직이도록 자신을 방치하게 된다. 즉 그들에게 자신을 조종해도 좋다는 실마리를 제공하는 것이다. 자신의 정체성을 잃어버린 리더는 성품보다는 성격이나 대인관계 능력만 키우게 된다. 조직 운영을 매뉴얼대로만 하려 하고, 새로운 접근이나 제3의 대안을 생각하지 않는다. 만약 누군가가 이에 대해 문제를 제기하면 근본적인 치유책보다는 단순히 감정만 풀어주고 갈등만 관리하려 한다. 리더나 조직의 근본적인 변화는 이루어지지 않는다.

자신을 제3자로 인식하라

리더는 많은 의사결정을 해야 하는 자리다. 리더가 합리적이고 바람직한 의사결정을 하려면 많은 정보를 필요로 하고, 때로는 외부 전문가의 의견도 청취해야 한다. 외부 전문가가 리더와 긍정적 관계라면 의사결정과정에서도 영향력을 끼칠 수밖에 없다.

당신은 좋은 감정을 가진 사람과 의사결정을 하려할 때 평소의 가치대로 움직이는가? 이러한 변화를 스스로 감지할 수 있는가? 이런 행동이 정상적이라고 생각하는가, 아니면 인위적이라고 생각하는가?

또한 상황과 사람에 따라 다르게 행동한다는 것을 어떻게 생각하는가? 이런 행동은 도움이 되는가, 해가 되는가? 나 자신은 다면적인 사람인가? 이러한 부분도 살필 필요가 있다.

리더는 자신의 행동을 진단함에 있어 자신을 제3자로 인식할 필요가 있다. 나라는 사람에서 벗어나 다른 사람의 눈으로 살펴보라는 것이다. 물론 쉽지는 않다. 자신을 객관적으로 본다는 말에는 이미 자신이라는 주관이 개입되어 있다. 이런 경우 타인들의 관점을 경청하면서 살피면 많은 도움을 얻는다.

구분	의사결정 시 부정적 요인	의사결정 시 긍정적 요인
친한 동료	평상 시 가치관을 무시한다. 내 의견 중요도가 감소한다. 친할수록 의존하고 그의 눈치를 본다.	어려운 부탁도 하게 된다. 쉽게 협의에 이른다.
일반 동료	나와 입장이 다르면 갈등이 발생한다. 내 주관대로 하려 한다.	합리적으로 행동하려 한다. 근거를 기준으로 결정한다.

나의 충성심을 확인하라

충성심은 보이지 않는 자산이다

조직 구성원들은 조직의 불편한 모습이 개선되기를 희망한다. 아직 그 희망이 이루어지지 않았다면, 그 불편한 진실에 대해 이야기를 나누기도 한다. 조직원들은 희망사항을 수면 위로 올려 개선하자고 제안하는 사람도 있지만 자신이 먼저 제기하는 것은 꺼린다. 조직에 대한 충성심을 가진 사람은 더욱 그러하다.

충성심은 개인의 신념체계이며 행동방식이다. 조직에 대한 충성심을 가지고 있는 사람은 그 조직에 어떤 행동을 할 것인지 예측이 가능하다. 개인은 조직의 일부이며, 조직의 문제는 개인의 문제를 포함한다. 진정한 충성심은 조직이 꺼릴지도 모르는 이유 때문에 입을 다물고 있는 것이 아니라 조직의 문제를 이야기하고 개선방안을 찾아 나서는 행동이다.

유명한 기업들은 자신을 대표하는 브랜드를 가지고 있다. 이 브랜드는 분명한 자산이지만 눈에 보이지 않는다. 조직의 구성원들이 가진 충성심은 기업의 브랜드와 같다. 보이지 않는 자산이기 때문이다. 조직 구성원들의 충성심은 조직의 몰입도를 올리는 데 무척 이롭다. 리더 자신도 이 보이지 않는 자산을 자주 확인해야 한다.

나의 충성심의 우선순위는?

자신이 가진 충성심의 우선순위를 확인하는 것은 중요하다. 충성심은 변화 환경에 적응하도록 만드는 나의 리더십을 방해하는 주요 요소가 될 수 있기 때문이다. 당신 자신의 충성심 우선순위를 아는 방법은 주변인의 말을 들어 보는 것과 당신의 행동을 관찰하는 것이다.

우리는 자녀에게 자상하고 모범적인 가장이 되기를 바란다. 그리고 그렇게 살기 위해서 노력한다고 말한다. 하지만 자상하고 모범적인 가장인지 확인하려면 배우자와 자녀에게 물어보는 것이 확실하다. 그리고 배우자와 자녀들에게 하는 행동을 살펴보면 금세 알 수 있다.

나의 충성심은 동료에게 영향을 받을 수도 있고, 공동체의 영향을 받을 수 있다. 또한 종교를 가진 사람은 종교에서 말하는 행동방식이나 자신이 존경하는 멘토, 선생님 등이 강한 영향을 주기도 한다.

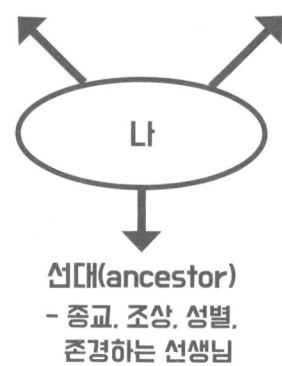

출처: 《어댑티브 리더십》 하이페츠 외, 2017

자신의 충성심을 확인하는 질문은 다음과 같다.

- 누구에게 책임감을 느끼는가?
- 나는 누구에게 좋은 인상을 받기를 원하는가?
- 나는 누구에게 가장 크게 실망하는가?
- 나는 누구의 지원을 가장 필요로 하는가?

나의 방아쇠를 확인하라

나의 조율 상태는?

피아노의 음계는 7개의 흰 건반과 5개의 검은 건반으로 이루어져 있다. 또한 낮은 음에서 높은 음까지 61개의 건반으로 거의 완벽한 모든 음을 낼 수 있다.

반면 기타나 바이올린은 각각 6개 또는 4개의 현으로 이루어져 있다. 기타의 경우 가장 가는 선을 기준으로 1번부터 6번 선으로 이루어져 있는데 숫자가 클수록 낮은 음을 낸다. 1번 선은 피아노 건반으로 볼 때 '미' 음이고 2번 선은 '시' 음이다. 이처럼 각각의 현은 고유의 음으로 조율해야 협주가 가능하며 하모니를 만들 수 있다.

만약 '시' 음으로 조율이 되어 있어야 할 줄이 '라' 음으로 조율이 되어 있다면 어떻게 될까? 연주는 엉망이 될 것이다. 지속적인 협주는 불가능하다.

이처럼 악기를 조율한다는 것은 다른 악기들과 공통으로 내야 할 음에 대한 약속이다. 약속한 음을 내야 하는 협주의 상황에서 조율이 잘못된 악기를 가지고 있다면 불협화음만 낼 뿐이다. 즉 악기 간의 갈등이 생기는 것이다. 갈등을 조정한다는 것은 악기를 조율하는 것과 닮았다.

사람이 살아가는 과정을 보면 하나의 악기로 태어나 살아가는 모습과 흡사하다. 나라는 사람은 각각 다른 역량을 가진 악기처럼 태어났다. 자신을 이해하는 것은 나의 심리적 시스템, 즉 어떤 악기로 태어났는지를 확인하는 것과 또한 어떻게 조율되었는지를 아는 것이다.

인간은 태어나면서 다양한 모습으로 성장했다. 유전적 요소, 부모님의 양육방식, 문화적 배경, 어린 시절 경험한 다채로운 것들이 자신의 자아상태를 완성시켰다. 그 자아상태의 완성체가 현재 자신의 심리적 사고체계이며, 이 체계는 외부의 자극에 대해 하나의 시스템처럼 반응한다.

어떤 사람은 화가 날 때 소리를 버럭 지르며 자신을 방어하려고 한다. 어떤 이는 화를 낸 사람에게 화를 낸 이유를 물으면서 설전을 벌인다. 또 어떤 이는 조용히 침묵하면서 지속적으로 관찰만 하고 속으로 삼키는 사람도 있다. 인간은 어릴 적부터 배운 지식과 경험을 바탕으로 최적의 방안을 선택하면서 자신에게 가장 이득이 되고 동기부여가 되는 방식으로 체득화시켰다. 그리고 어떤 상황이 발생되면 하나의 시스템처럼 작동한다.

이러한 측면에서 리더는 내면의 현의 조율상태를 살피는 것이 중요하다. 내면의 현이 어떻게 조율되었는가에 따라서 남에게 조종을 당할 수도 있기 때문이다. '솔' 음을 내야 하는 상황에서 '라' 음으로 조율이 된 것을 상대가 미리 안다면, '솔' 음을 내라고 유도한 다음 '라' 음으로 나온 상대를 비난할 수도 있다.

리더의 내면의 현은 밝은 면과 어두운 면, 두 가지를 동시에 가지고 있다.

책임감이 강한 사람들은 계획했던 업무를 성공적으로 달성했을 때 강한 만족감을 느끼고 그 방식을 공유하려 한다. 내면에 조율된 속성이 밝고 긍정적인 쪽으로 작용한다.

반면 이들은 자신 이외에는 잘 믿으려 하지 않는다. 그리고 자신이 없는 것은 처음부터 시작도 하지 않으려 한다. 자신 없는 것에 착

수했다가 실수라도 하게 되면 존재감 상실로 이어지고 존재감 상실은 그들에게 커다란 상처로 남기 때문이다. 그래서 남에게 업무를 맡기기 힘들고 자신이 모든 것을 다 알아서 하려는 행동으로 나타난다. 이런 사람에게 권한위임은 기대하기 어렵다.

방아쇠를 확인하라

누군가와 협상을 하거나 갈등을 조정할 때 내면의 현이 너무 강렬하게 반응을 하면 현재의 현상과 사실에 집중하지 못한다. 강렬한 감정적 반응은 제대로 된 진단과 행동을 방해하기 때문이다.

이처럼 특정한 상황에 자신도 모르게 감정적 반응을 일으키는 현상을 심리학에서는 "방아쇠, 계기(Trigger)"라고 한다. 방아쇠는 과거에 겪은 개운하지 못한 상황을 경험하면서 현재의 문제에 대해 자신의 행동을 동여매는 특징이 있다.

과거의 부정적인 경험이 현재로 다가와 감정을 장악하는 것이다. 이러한 방아쇠는 잘못 당겨지게 되면 리더의 미래를 불투명하게 만든다. 따라서 자신이 가지고 있는 방아쇠를 발견하는 것이 중요하며 방아쇠가 당겨질 상황이 되었을 때 차분하게 대처하는 것이 필요하다.

방아쇠가 당겨지는 경험은 누구나 발견이 가능하다. 어떤 상황이 닥쳤을 당시 주체할 수 없는 감정이 솟구침과 동시에 순간적으로 참을 수 없이 폭발했던 경험을 찾으면 된다. 이런 경험은 사람마다 다르게 나타난다. 방아쇠가 당겨지는 상황의 예는 아래와 같다.

① "당신은 학력이 낮으니 이런 건 알 턱이 없지요?"
② "미안해요. 시골 출신이라는 것을 깜빡했군요."
③ "아차, 중도에 입사하셨지요. 그럼 이런 것은 잘 모르시겠네요."
④ "이런 것쯤은 누구나 아는 것 아닌가요?"

상대를 무시하는 말이나 행동은 그 사람의 타고난 성격일 수 있고 잘못된 판단의 결과일 수도 있다. 문제는 상대의 그러한 태도와 행동에 따른 자신의 반응이다. 내가 시골 출신이라거나 학력이 낮다는 것은 분명한 사실이고 바꿀 수도 없다. 그렇다면 나는 그대로 수용하면 된다. 지적에 주눅이 들거나 격한 반응을 보일 필요는 없다.

또한 "이런 것쯤은 누구나 아는 것 아닌가요?"라는 말에 격한 반응을 보일 필요 없이 나도 모를 수 있다는 것을 스스로 인정하면 된다.

과거의 사실을 수용하거나 인정하지 못하는 이유는 자신이 타인보다 못하다고 생각하는 열등감 때문이다. 열등감은 특정한 사람에게만 존재하는 것이 아니다. 사람이라면 누구나 열등감을 가지고 있다. 열등감은 개인의 성장과 발전에 긍정적으로 기여한다. 나의 능력이 타인보다 못하다는 것을 인정함과 동시에 성장을 위한 노력이 동반되기 때문이다.

그런데 열등감과 열등 콤플렉스(Complex)는 구분할 필요가 있다. 열등 콤플렉스는 열등감을 가지고 있으면서 오직 감정만 분출하고 끝난다는 점이다. 열등감을 느낀 이후 아무런 행동도 취하지 않는다면 자신의 성장에는 전혀 도움이 되지 않는다.

상대의 행동이나 말로 인해 나의 방아쇠가 당겨졌을 때 나타나는 증상은 아래와 같다.
① 갑자기 목소리가 커진다.
② 조용하던 사람이 날카로운 발언을 한다.
③ 심장이 뛰고 숨이 가빠지며, 손바닥에 땀이 난다.

변화적응적 리더는 문제를 제대로 분석, 진단하고 처방하는 과정에서 자신의 감정을 통제하는 것이 무척 중요하다. 아무리 문제를 잘 진단하고 처방을 하더라도 그 과정에서 감정을 처리하는 방식이 원활하지 못했다면 리더의 품격에 손상을 줄 수 있다. 더구나 그 업무에 반대를 했던 사람들이나 그 변화적응적 방식의 도입으로 피해를 당하는 사람들은 리더의 성품을 문제 삼으며 리더의 자질을 탓하려 할 것이다.

반대자가 당신의 방아쇠를 파악하고 그 방아쇠를 가지고 조종하려 든다면 당신의 능력이 발휘되기 전에 불협화음의 주인공이 된다. 그들은 당신의 말 한마디, 눈빛 하나에도 촉각을 곤두세우며 감시하고 덫을 놓으려 할지도 모른다. 어떻게 해서든지 당신의 감정을 자극해 분란을 일으키고 그 결과 자신의 피해를 줄이기 위해서다. 이런 이유로 자신의 방아쇠를 미리 파악하는 것은 매우 중요하다.

욕구와 희생정신

당신은 조심해야 하는 두 종류의 방아쇠가 있다. 그것은 욕구와 희생정신이다. 욕구는 우리의 성격이나 행동방식을 매우 취약하게 만들 수 있다.

어떤 일을 통제하지 못하거나 타인으로부터 인정 또는 애정을 받지 못한다면, 내면적으로 충족하지 못한 욕구를 달래주는 사람의 노예가 될 수 있다. 즐거운 감정이나 친밀감이 결핍된 사람은 그 욕구를 채우기 위해 긍정적이지 못한 방법으로 채울 수 있다. 권력의 욕구를 채우지 못한 사람은 가정에서 황제처럼 군림하거나 동료들과 회식을 하는 장소에서 거드름을 피우곤 한다. 어떤 사람은 심리적 허기를 채우기 위해 명품 가방 등으로 값비싼 치장을 하는 경우도 있다. 이러한 행동이 타인에게 폐를 끼치지 않는다면 다행이지만, 결핍된 욕구를 충족시키기 위해 부적절한 자금의 유혹에 넘어가는 등의 윤리적 문제가 발생할 수도 있다. 이러한 결핍욕구의 대리충족으로 인해 리더가 지금까지 쌓아 온 공적과 명성을 일순간에 무너뜨릴 수 있다.

한편 사람들은 누구나 타인의 기대나 희망 등을 안고 살아간다. 부모나 교사, 형제나 이웃들로부터 얻은 기대가 긍정적으로 작용해 열망으로 자리 잡기도 하고, 난관을 헤쳐나가는 굳건한 힘이 되기도 한다. 타인의 기대와 희망은 성장하면서 많은 도움이 되기도 한다. 그러나 반대로 그런 기대와 희망이 성인이 되면서 부담으로 작용하기도 한다. 그들의 기대치가 너무 높을 경우 부담으로 다가오기도 한다. 여러 번의 도전을 했지만 그들의 기대에 부합하지 못하게 되면 좌절을 맛보기도 한다. 부모들은 자신들의 희망을 자식들이 이뤄줄 것을 기대할 때, 자식에게는 부담과 의무감으로 작용한다는 것을 알아야 한다.

　어머니는 행상을 하셨고 아버지는 남의 집에서 머슴살이를 한 가난했던 시절을 부모님은 부끄럽게 생각할 수 있다. 그래서 부모님은 절대로 자식들에게 가난을 물려주고 싶지 않았으며, 열심히 일하면서 자녀들에게 교육시켰다. 다행히 자녀들은 열심히 공부해 부모님이 원하는 만큼의 성공과 부를 얻었다. 남부럽지 않게 살만한 상황이 되었음에도 불구하고 더 많은 부를 축적하기 위해 살아가는 사람들이 있다. 현실에 만족하지 못하고 부의 축적에 몰두하는 것은 자신과 자녀들에게 더 높은 정신적 만족이나 문화적 경험의 기회를 앗아갈 수 있다.

　이 사례는 부모님이 바라던 기대치가 의무감이나 희망으로 작동된 것이다. 가난으로 찌든 부모님의 상처나 수치심은 내가 치유할 수 없다. 그리고 부모의 과거를 지울 수도 없다.

　부모의 가난했던 과거의 수치심이 자녀들에게도 부를 향한 희망으로 이어진 것이다. 마치 "돈이 많아야 무시당하지 않는다" "돈이 없으면 아무것도 할 수 없다" "돈이 많을수록 행복하다"는 가치관을 형성시킬 수 있다. 부모의 황금만능주의적 사고는 자녀들의 무분별한 희생을 강요한다.

일반적으로 희생은 좋은 것으로 여겨진다. 희생은 타인의 기대나 욕구, 두려움을 제거해주고자 나 자신을 태우는 행동이다. 타인을 위한 봉사의 마음이 겉보기에는 아름다운 희생 같지만 타인에게 전가가 되면 긍정적이지 못한 희생으로 발전된다. 희생이 타인에게 강요나 거래를 위한 것이라면, 그것은 마음속에 담아두었던 청구서일지도 모른다.

많은 직장인들은 조직에서 타인을 위해 희생하며 살아간다. 나의 업무도 바쁘지만 타인의 부탁이나 기대치를 충족시켜 주려고 노력도 한다. 그것은 함께 살아가기 위한 미덕이고 권장할 만한 일이다. 이타적 행동이 조직효과성에 긍정적으로 작용한다는 연구도 많다. 하지만 너무 많은 희생을 치르거나 그 기대치를 압도하면 자기 통제가 어렵게 된다. 과도한 희생은 역량발휘에 걸림돌이 되고, 추진력을 잃게 만든다.

무엇이 당신을 지치게 하고 언제쯤 소진된다는 것을 안다면, 언제 당신은 짐을 덜어내야 하는지도 알 수 있다. 자신을 명확히 이해한 후에 진정한 이타적 희생이 가능해진다.

자신의 역할과 권한범위를 이해하라

맥락적으로 역할을 이해하라

조직 안에서 자신의 역할을 이해하는 것은 변화적응 리더십을 발휘하는 데 있어 중요하다. 나의 역할이 명확하게 정의되는 순간, 이 업무는 무엇이고 어떠한 자원을 활용할 수 있으며 어떻게 전개해야 하는지를 알 수 있기 때문이다. 우리는 세상을 살아가면서 많은 역할들을 수행하며 살아간다. 결혼을 했다면 배우자로서, 부모로서, 회사에서는 매니저, 커뮤니티의 고문이나 후원자, 또는 기타 단체의 상담자나 갈등조정자로서 역할이 있다. 그리고 모든 사람들은 자신의 맡은 바 역할을 잘 수행하고 싶어 한다. 현재 자신의 역할을 잘 수행하고 있는 부분도 있고 그렇지 못한 부분도 있다. 그리고 점점 배워나가야 하는 역할도 존재한다.

자신의 역할을 잘 수행하려면 조직의 맥락을 잘 살펴보아야 한다. 오직 나에게 주어진 업무인지, 역할이 많은 사람들 중의 하나인지, 내가 주도적으로 이끌어야 하는 역할인지를 파악하고 행동하는 일이다. 이 맥락을 이해하지 못한다면 주제파악을 못하는 사람으로 오해받을 수 있다.

그리고 업무 수행 시 어떤 그룹 안에서 당신이 맡은 역할과 당신 자신을 구분하는 일도 중요하다. 그래야 당신을 칭찬이나 아부를 통해 손쉽게 조종하려는 타인의 의도를 사전에 방지할 수 있다. 특히 조직 내에서 절대로 없어서는 안 되는 존재라고 말하는 칭찬은, 당신 자체를 두고 하는 칭찬이 아니라 당신이 맡고 있는 역할과 결부되어 있음을 결코 잊지 말아야 한다. 이런 불필요한 칭찬은 개인적 공격만큼 당신의 주의를 분산시키는 강력한 힘이 있다.

만약에 당신 주변에서 "당신이 없어서는 안 되는 존재"라든지,

"우리 조직에서 가장 필요한 존재"라는 말을 진심으로 믿게 되는 순간 당신은 아주 큰 위험에 빠진 것이다. 그들은 당신이 훌륭한 사람이라고 믿는 순간부터 자신들이 가지고 있는 문제를 당신에게 떠넘길 확률이 높다. 그들이 할 수 없는 일을 당신은 할 수 있다는 말로 칭찬을 한 뒤, 그들은 그 업무에서 빠져나와 책임에서 벗어나려 할 것이다. 타인의 기대에 부응하고자 모든 짐을 혼자 지는 희생은 없어야 한다. 모든 짐을 내 등에만 얹다 보면 외로워지고 급격히 소진되기 때문이다.

만약 상대방이 당신에게 반드시 필요한 존재이며 훌륭한 사람이라고 칭찬을 해온다면, 함께 칭찬을 하면서 업무를 분담하고 책임감을 나누며 정말 중요한 목적을 달성하는 데 집중해야 한다. 변화 리더십은 다른 사람들과 새로운 문제를 해결해 나아가는 과정이며 그로써 새로운 소프트 스킬을 키우는 것이지 타인의 의존성을 늘려주는 것이 아니다. 그리고 나만의 희생을 강요하는 것이 절대 아니다.

권한의 범위를 확인하라

직장에서의 역할에는 책임과 권한이 주어진다. 공식적 권한의 범위는 상사로부터 위임받은 공식적 결재권, 상사가 기대하는 전문 업무, 일을 처리하는 방식 등이다. 조직에는 다양한 권한 위임자가 존재한다. 팀장은 바로 위의 본부장이나 상무, 부사장, 사장 등 많은 관계자가 그들이다. 이들은 권한 내에서 서로가 상충하는 기대치를 가지고 있다.

공식적·비공식적 권한의 범위를 명확히 하는 일은 변화적응 리더십을 발휘하는 데 중요하다. 이해관계자들의 기대치를 읽을 수 있으며, 자신에게 필요한 자원을 확인할 수 있다. 또한 부하직원들과 협조자들에게 동기를 부여하는 재량권의 범위도 알 수 있다. 특히 비공식적 권한은 공식적 권한과 다르게 스스로 범위를 확장해 성공적인 업무처리, 상사와의 긍정적인 관계, 성실하고 진실한 태도, 믿음직한 언행 등으로 나아갈 수 있다.

다음은 권한 위임표를 그린 것이다.

권한 위임자	공식적 권한	비공식적 권한	애매모호한 점	기타
상사				
동료				
부하				
외부 이해관계자				
고객				

목적을 분명히 하라

목적에 집중하기

목적의식을 가지고 일하는 것은 매우 중요하다. 하지만 업무를 추진하다 보면 그 목적이 의미를 잃기도 하고 오히려 수단이 목적을 침범하는 일도 생기게 된다. 변화를 관리하는 리더가 명심해야 할 것 중에 가장 중요한 것은 왜 힘든 과정을 거치면서 이 일을 추진하고 있는지를 생각해보는 것이다. 그리고 자주 질문을 해야 한다.

① 우리는 정말 이것을 위해 존재하는 것이 확실한가?
② 우리는 정말로 이것을 하고 싶은가?
③ 이것이 우리가 되고자 하는 바인가?

질문을 지속적으로 던짐으로써 목적을 확인해야 한다. 그리고 변화 적응 리더십을 실천하기 위해서 다음과 같은 진단단계도 필요하다.

① 업무를 추진하는 데 필요한 여러 목적 중에서 우선순위를 확실히 하는 것이 중요하다.
② 자신에 대한 올바른 진단이 필요하다. 자신이 누구이고 왜 현재의 상황에 이르게 되었는지 객관적인 관점에서 진단해야 한다.

목적의 우선순위 정하기

업무에는 그 일을 추진하는 이유나 목적이 있기 마련이다. 그리고 그 목적이 하나일 수도 있고 여러 개로 이루어져 있을 수도 있다. 만약 여러 개의 목적이 있을 경우, 업무 달성 측면에서 가장 중요한 목적이 무엇인지 알고 방법을 선택할 수 있다. 목표를 이루기 위한 전략 중에서 어떤 전략을 사용하느냐에 따라서 어떤 목적은 달성할 수도 있지만, 어떤 목적은 우선순위에서 밀려날 수도 있다. 그렇기 때문에 목적의 우선순위를 정해 놓으면 전략의 구상을 달리할 수가 있다.

11장
자신을 단련하라

리더의 행동에는 목적이 있어야 한다

일상 안에서 목적의식을 부여하라

일상적인 업무, 해결해야 하는 문제, 끊임없는 요청 속에 살다 보면 목적을 잃어버리기도 한다. 목적을 잃으면 의미도 잊을 수 있다. 매일의 삶 속에서 업무를 목적과 연결시키는 것은 중요하다.

자신의 책상 앞에 존경하는 인물이나 멘토의 사진 등 목적을 생각나게 하는 물건들은 리더가 의사결정을 할 때 자신의 목적을 상기시키는데 도움을 준다. 영감을 주는 문구나 구절, 소중한 이의 유품도 마찬가지다. 역사상 가장 실패한 탐험가였던 새클턴의 사진을 놓으면 무엇이 가장 소중한 것인지를 되새길 수 있다.

어떤 기업은 아침마다 종교행사를 한다. 종교적인 신념을 잃지 않고 행동하자는 취지와 의지를 담고 있다. 이러한 의식(Ritual)은 반복을 거듭하면서 문화적 유전자로 자리 잡는다. 즉 조직문화를 형성하는 계기가 된다. 숲을 산책하는 일, 정기적으로 멘토와 함께 식사하기, 일기를 쓰는 것 등은 목적과 연결하는 좋은 의식이다.

목적들을 절충하라

사람들은 저마다 목적을 가지고 살아간다. 리더는 다양한 자신의 목적과 조직이 추구하는 목적의 우선순위를 조합하면서 살아간다. 그 조합에는 당신과 조직이 앞으로 나아가야 할 방향이라고 말하는 비전도 해당된다.

하지만 조직 안에는 더 많은 목적이 존재한다. 특히 이사회나 임원들이 지지하는 목적을 더욱 주목하기 마련이다. 변화 리더십은 다양한 목적을 이해하고 각각의 목적이 충돌해 서로 무력화되지 않도록 절충하고 중재해야 한다.

이러한 과정에서 서로가 생각하는 목적의 우선순위와 관점이 다를 수 있다. 이를 이해하기 위해서는 다른 사람의 이야기를 들어볼 필요가 있고 또한 리더 자신의 관점을 피력할 필요도 있다. 이러한 과정에서 서로의 목적에 대한 질문과 도전은 필수적이다. 또한 리더인 당신이 진정으로 원하는 방향으로 가기 위해 최초에 목표했던 곳이 아닌 다른 곳으로 향해 갈 수도 있다. 이 점을 받아들여야 한다.

예를 들어 자동차 회사의 환경문제 담당부사장은 친환경 차량개발에 열정적으로 헌신하고 있지만, 회사의 생존을 위해 단기적인 수익창출 임무를 수행할 수도 있다. 또한 노동자를 대표하는 노동조합장도 마찬가지다. 노동조합을 대표하는 사람이지만 어디까지나 회사 안의 조합임을 명심해야 한다.

그런데 이런 민감한 문제를 다루며 서로의 목적을 타협하고 절충하는 것은 누구나 피하고 싶어 한다. 목적을 절충하는 행위는 자신을 지지하는 사람들에 대한 배신이라고 느끼기 때문에 절충을 포기하기도 한다. 자신만의 신조를 지키기 위해 또는 자신은 강한 신념을 가진 사람이라는 모습을 보이기 위해 자신과 우선순위가 다른 사람들과는 토론조차 하지 않는다. 이는 리더로서 가장 비겁한 행동이다. 리더로서 유연한 사고를 가지고 해결하려고 노력하는 것이 아니라, 자신만은 강한 신념을 가진 사람으로 남으면서 조직의 문제해결에 나서지 않기 때문이다.

목적 절충은 가능한 일이다

목적은 협의를 통하면 얼마든지 절충할 수 있다. 목적을 절충할 때 타협이 가능한 것과 아닌 것을 한정하기는 어렵다. 하지만 리더는 말하는 방법만으로도 타협안을 찾을 수 있다. 당신의 목적에 반대하는 사람들과 대화를 나누면서 그들이 사용하는 언어를 사용하는 것은 매우 중요하다. 그것은 그들을 이해하고 호의적으로 느낀다는 것을 암시하는 것이다.

그들이 추구하는 목적이 결코 나의 목적과 맥을 같이 한다는 것을 표현하고 보여준다면 그들도 금세 마음을 바꿀 수 있다.

시각화를 하면 목적 달성이 용이하다

당신의 목적을 상대방과 절충하고 상대의 언어를 사용하는 것은 중요하다. 거기에 목적을 구체화하는 방법을 사용하면 더욱 효과성을 높일 수 있다.

마틴 루터 킹 목사는 인종차별 없는 평등한 사회를 만들고자 운동을 전개할 때, 북부 사람들의 지지를 얻기 어려웠다. 하지만 매일 밤 TV를 통해 흑인을 폭행하는 영상이 전파를 탄 후에는 상황이 달라졌다. TV를 통한 생생한 장면들은 북부의 사람들에게 커다란 설득력을 준 것이다. 결국 시각화는 정치적, 경제적, 사회적인 지원을 얻으면서 전개가 가능하도록 만들었다. 이처럼 생생한 시각화는 목적을 구체화시키는 방법으로 매우 효과적이다.

설득을 위한 스킬

다음은 설득력이 높은 사람들의 특징을 정리한 것이다. 이런 특징들을 활용하면 리더는 한층 높은 설득력을 구사할 수 있다.

① 이야기 도입은 공통화제로 출발하라

누군가의 마음을 움직이고자 하는 사람이 다짜고짜 자신의 주장만을 강조한다면 상대는 어떤 마음일까? 분위기 파악도 하지 못한 사람으로 인식되거나 또는 무례한 사람으로 받아들일 수 있다. 이런 경우는 공통 화제를 가지고 접근하는 것이 좋다. 공통 화제라면 최근 이슈가 된 뉴스, 이슈, 날씨 그리고 자리에 있는 사람들이 공통으로 관심을 가질 수 있는 것들을 말한다.

② 첫인상이 대부분을 결정한다

처음에 새겨진 이미지가 그 사람을 평가한다. 어떤 사람은 최초로 만난 15초가 중요하다고 한다. 나의 첫인상은 어떻게 비춰지는지 관심을 가져야 한다.

③ 우선 문 안에 발을 들여놓으라(Foot in the door vs. Door in the face)

'Foot in the door 전략'은 일종의 설득을 위한 단계적 전략이다. 단계적 전략은 처음에 단순히 아무렇지도 않은 것을 요구하고 다음은 조금 더 큰 것 그리고 나중에 자신이 원하는 것을 얻어가는 전략이다. 'Foot in the door'라는 말이 말해주듯이 처음에는 문간에 발을 살짝 들여 놓은 다음 천천히 다가가는 전략이라고 할 수 있다.

이와 반대로 'Door in the Face 전략'이 있는데 이는 단계적으로 접근하는 전략과 반대로 접근하는 방식이다. 이 방법도 아주 유용한 설득 전략이다. 처음에 상대가 거절할 정도의 무리한 부탁을 한 후에 상대가 미안해하는 마음을 가질 여유를 둔 후에 다시 작은 부탁을 하는 것이다. 물론 이 작은 부탁이 원래 원했던 크기라는 것은 상식이다.

④ Yes Taking 기법을 활용하라.

상대에게 Yes를 많이 받아낼수록 설득력이 강하다. 이를 위해 상대방은 앞에서 이야기한 것들을 모두 긍정적으로 수용하도록 해야 한다. Yes Taking 기법은 점쟁이들이 많이 사용하는 방법인데 무언가 답답한 마음에 온 고객에게, "요즘 답답한 일이 많이 있지요?" 얼굴이 푸석푸석하고 초췌한 모습을 보고, "소화도 안 되고 혈액순환도 안 되지요? 그때문에 잠도 잘 안 오지요?"라고 하면서 상대로부터 Yes를 얻어낸다. 그러는 사이 상대는 자신도 모르게 상대방을 신뢰하고 그 사람이 하는 말은 모두 믿게 된다. 이것을 Yes Taking 기법이라 한다.

⑤ 타율적인 동조지향을 노려라

인간은 자율적으로 행동하기를 원한다. 하지만 때에 따라서 자신이 말하는 방법대로 타인이 동조해주는 것을 원한다. 원래 그렇지는 않지만, "당신의 추천은 나를 움직이게 합니다" "당신이 말한 것이라면 나도 당연히 그렇게 하는 것이 바람직하다고 생각합니다"라고 지지하는 방법을 말한다.

⑥ 숫자나 통계를 자주 사용한다.

숫자와 통계치를 사용하는 것은 두 번 세 번 강조해도 지나치지 않다. 누군가를 설득할 때에 자신의 의견만이 최고라고 밀어붙이는 경우를 흔히 본다. 이런 모습을 보면 안타깝기 그지없다. 인간은 자신이 합리적인 사람이라고 인정받고 싶어 하기에 보다 객관적이고 이성적인 데이터를 원한다. 최근에 빅데이터로 분석한 맛집이 파워블로거가 추천하는 곳보다 신뢰성을 얻는 이유는 통계를 근거로 말하기 때문이다.

⑦ 감정에 호소하라

감정에 호소하는 방법은 처음부터 설득하는 작업으로는 추천하지 않는다. 이성적으로 논리적으로 설득을 해보고 난 후에, 자신의 어려운 상황을 이야기하면서 긍정적인 답변을 요구하는 설득방법이다. 너무 논리적리고 이성적으로 판단하려고 하는 사람들이 오히려 이런 감정에 호소하는 방법에 약하다는 것도 증명된 사실이다.

목적을 이루는 일은 한순간에 일어나지 않는다. 수많은 걸림돌이 있으며 갈등이 존재한다. 걸림돌이나 갈등 때문에 물러나는 것이 아니라, 한숨을 돌리면서 다른 전략적 방법이 어떤 것들이 있는지 성찰하면서 가는 것도 좋은 방법이다. 갈등이나 걸림돌은 더 나은 대안을 만들게 해주기도 하고 오히려 긍정적으로 작용하기도 한다.

야망과 열망을 통합하라

야망(Ambition)은 자신이 되고자 하는 꿈이며 희망이다. 그 야망은 물질적인 면이 다분히 포함될 수 있으며 사회적인 지위도 포함한다. 한편 열망(Aspiration)은 정신적 가치를 중요시하는 면이 있으며 자신이 간절히 원하는 바다. 그것은 개인적인 것도 있지만 사회적으로 그렇게 되기를 바라는 점을 포함한다.

  신학대학원, 행정대학원, 교육대학원, 공중보건대학원 학생들은 고상한 목적과 자신의 열망은 편하게 이야기하는 반면, 자신의 야망을 언급하는 것은 불편해한다. 그 이유는 그들은 권력, 재물, 권위, 인정, 명성 등을 향한 욕망을 금기시하기 때문이라고 한다. 반대로 경영대학원, 법학대학원 학생들은 고상한 열망을 이야기하는 것을 불편해한다. 이런 이야기를 하면 현실에서 이해받지 못할 공상적 박애주의자처럼 보일까 걱정이 되기 때문이다.

  위의 이야기는 대학원의 문화나 가치를 반영한 이야기지만 두 가지 모두 편협하다. 누구든지 야망과 열망 모두를 가질 수 있고 추구할 수도 있다. 미국 역사에서 존경받는 대통령들은 야망이 컸고, 공적인 리더십에 필요한 정치적 수완을 가졌다. 그들은 야망과 열망을 모두 가지고 있었으며 상호배타적이지 않았다.

  조직의 변화를 적응시키기 위해 노력하고 있는 당신의 야망은 무엇인가? 그리고 당신의 열망은 무엇인가? 이 두 가지는 어떻게 상호작용하는가? 이 감정들은 당신의 결정에 어떤 영향을 주는가? 이 두 가지를 잘 통합한다면 당신의 추진력은 더욱 강해지고 사회적으로도 영향력을 가지게 됨을 명심하라.

윤리적 가치를 고려하라

  리더 자신의 행동이 타인에게 피해를 주는가를 점검해야 한다. 적응적 변화의 시도는 치명적이 아니어도 타인에게 손실을 끼칠 수 있는 윤리적인 문제가 따른다. 이러한 피해를 어떻게 감수할 것인가? 링컨은 미국 남북전쟁 당시 미합중국을 지켜내겠다는 목적이 있었지만, 남북 양측에서 발생할 수 있는 사상자 때문에 무척 괴로워했다. 하지만 그는 상황 때문에 전쟁을 중지하지는 않았다.

당신의 이미지와 추구하는 가치는 얼마나 손상이 될지를 가늠해보라. 자신의 충성심과 가치에 반하는 행동을 얼마나 했는가? 성공적인 리더가 되기 위해서는 자신이 옳지 않다고 생각하는 것을 행동으로 옮겨야 할 때도 있다.

인간은 평소 지켜온 가치를 어기면서 목적을 추구하려고 하지는 않는다. 만약 그러한 상황이 생기게 되면 선택할 수밖에 없었던 맥락을 충분하게 설명해야 한다. 도둑질은 절대 용납할 수 없음에도 굶어 죽어가는 자녀 앞에서 자신의 가치를 지키는 것이 올바른 것인지 생각해보는 것이 필요하다. 이처럼 선택의 맥락은 리더에게 중요하다.

이러한 경우에 리더는 양가감정을 느끼게 된다. 적을 토벌하기 위해 나섰던 이성계는 위화도에서 회군을 결정하며 가장 존경하고 따랐던 최영 장군에게 칼끝을 겨누어야 했다. 이 행동은 이성계 내부적으로 윤리적 갈등을 자아내게 만들었다. 무더운 여름철에 압록강을 건너며 질병에 죽어갈 자신의 부하들을 생각하면 마음이 아팠다. 하지만 적을 토벌하라는 상부의 명령을 어기는 것은 장군으로서 상명하복이라는 규율을 어기는 것이었다.

존경하던 상사에 대한 명령불복종과 질병으로 죽어가는 부하들을 보며 이성계는 어찌할 바를 모르며 갈등했을 것이 분명하다.

리더라는 자리는 끊임없는 이슈가 올라오는 자리다. 그 이슈들은 리더의 갈등을 유발시킨다. 그리고 결단을 강요한다. 결단은 누군가에게 피해를 가져올 것이고, 그 피해의 책임은 리더에게 돌아온다. 따라서 리더는 끊임없이 질문을 해야 한다. 그 이슈는 어떤 성격을 가지고 있는지, 이슈의 결과에 따라 누가 피해를 보고 누가 이득을 보는지 그리고 피할 수는 없는 것인지를 파악해야 한다.

그리고 자신의 윤리적 가치와 조직의 가치도 고려해야 한다. 목적은 수단보다 앞서야 하지만, 목적 때문에 수단을 정당화하고 있지는 않은가도 고려해야 한다.

전형적인 함정을 피하라

앞에서 언급했듯이 목적의식은 리더십을 발휘하는 데 있어서 필수적이다. 목적은 험난한 여행에 인내심을 주고 영감을 줄 수 있지만 다음과 같은 함정에 빠질 수 있으니 조심해야 한다.

귀먹고 눈멀기

하나에 집중하고 전념한 나머지 반대의 데이터를 읽거나 수정해야 할 사항에 대해 등한시 하게 된다. 마케팅 근시안이 전형적인 예가 된다. 마케팅 근시안은 간단히 말해 나무를 보다가 숲을 보지 못하는 것을 말한다. 당장 앞에 놓인 가지에 집중하다가 큰 줄기를 놓치는 우를 말한다.

순교자 되기

숭고한 목적에 헌신한 사람은 공격에 취약해 부적절한 죽음에 이르기도 한다. 아무리 숭고한 목적이라 하더라도 이미 실패한 목표를 추구하면 따돌림을 당하거나 해고를 당하기도 한다. 가끔 순교자가 되는 것이 협상의 좌절이나 실패를 맛보는 것보다 더 편해서 선택하기도 한다. 절대로 리더는 편하기 위해 선택한 자리가 아니다.

독선적으로 보이기

옳다고 생각하는 것을 드러내놓고 확신을 하면 독선적으로 보일 수 있다. 그 독선은 당신에게 해로움으로 다가올 수 있다. "여러분에게는 내 방법 외에는 다른 선택권이 없습니다"라고 지속적으로 말한다면 직원들이 주인의식을 갖는 것은 불가능하다. 분명한 목적의식을 이유로 타인을 가두거나 독선적으로 보이지 말아야 한다.

목적 관리자 되기

리더는 현재 실행되고 있는 모든 것들이 일련의 방향으로 설정되어 있음을 알리는 것은 중요하다. 하지만 너무 과도하게 연결짓는 것은 곤란하다. 리더가 회의에서 과도하게 주입하려 하면 타인들은 리더의 목적에 귀를 기울이지 않을 수 있다. 실제로 연결이 되어 있을 때만 말하라. 그리고 목적을 관리하는 사람이 되지 말라. 목적은 목적 그 자체로 존재한다.

용감하게 추진하라

기존 동료들의 반대

변화적응적 리더도 자기를 믿어주고 협조를 아끼지 않았던 동료나 공동체 사람들의 기대를 저버리기란 결코 쉽지 않다. 평소 좋아하고 존경하는 사람들의 의사에 반하는 의사결정과 업무를 추진하다 보면 마음이 켕기기도 한다. 그러나 그들의 입장이나 행동을 바라보면서 눈치만 보고 있을 수는 없다. 이들에 대한 충성심은 별개의 것으로 내려놓고, 직접 만나 마음을 열고 대화를 나누어야 한다. 그리고 당신이 처한 상황을 잘 설명하면서 조율할 필요가 있다.

책임을 진 리더로서 입장과 자기를 리더로 만들어 준 사람들의 기대치가 충돌이 나면 더욱 그렇다. 충돌의 간극을 명확하게 설명하고 그들의 입장이나 기대치를 조정할 필요가 있다는 것을 말해야 한다. 이런 설득과정은 무척 힘이 드는 과정이며, 그 과정에서 많은 출혈이 생기기도 한다.

과거 이스라엘의 라빈 총리와 이집트의 사다트 대통령은 모두 이 설득과정에서 실패한 결과 암살당했다. 어쩌면 이들과 협상을 한다는 것은 함께한 동지들과 지켜온 충성심을 배반하거나 재조정하는 일이다. 지도자로서 모든 이들에게 만족을 주는 행동은 매우 드물다.

리더는 이해관계자들과 협상을 하고 조정을 하는 과정에서 그들을 화나게 하는 것이 두려워 문제해결을 거부할 수도 있다. 그것은 변화적응 리더십을 발휘하는 사람으로서 취할 태도는 아니다. 그렇다면 리더와 그들 사이의 관점의 차이를 줄이기 위해 주의해야 할 점은 어떤 것들이 있을까?

본인의 입장과 가치관은 분명히 말하고 행동하라

현재의 입지와 상황에 집중하라. 과거에 한 약속이 있었는데 지키지 못했다면 명확히 사과하고, 현재 조치할 수 있는 부분만큼 최대한 노력하라. 그리고 미래를 위한 현명한 선택을 설명하며 현재에 집중할 것을 알려라.

대화는 절대 기피하지 말고 최선을 다하라

반대자들은 이해관계 또는 명분을 가지고 리더인 당신의 입장을 철회해주길 바란다. 그리고 당신이 마음이 여린 사람이라는 것을 안다면 더더욱 대화를 하면서 입장을 취소해주기를 간곡히 부탁할 것이다. 그러한 과정에서 재차 가치관을 점검하는 시간을 가지면서 가장 이상적인 해결방안을 함께 고민해야 한다. 그러나 인간적인 정에 이끌려 행동하는 것은 금물이다. 이러한 태도는 다시 반복될 수 있기 때문이다.

무능력에 대한 두려움

리더십은 한 번도 가보지 않은 곳을 헤쳐 나가는 일이다. 어떤 변화가 나타날지 모르는 상황에서 두려움을 갖는 것은 당연하다. 그렇다고 자신감 없이 변화를 리드하는 것은 구성원들에게 두려움을 준다.

자신감은 과거에 얻은 지식이나 경험의 풍부함에 따라 커진다. 그런데 그 자신감이 기술적인 문제해결력에서 비롯된 것은 아닌지 살펴볼 필요가 있다. 기술적인 문제해결력은 전문가라고 칭하는 사람들은 누구나 가질 수 있는 역량이다.

그러나 변화적응적 문제를 다루는 것은 한 번도 경험하지 못한, 마치 정글을 헤쳐 나아가는 일과 같은 상황에서 겸손한 자세로 자신의 무능을 인정하는 자세가 필요하다. 다른 말로 자신이 가진 능력을 그대로 인정하고 역량의 경계선에서 새로운 역량을 얻을 수 있는 계기로 삼으라는 것이다. 그것이 리더 자신에게 더 나은 학습기회를 제공한다. 인정하기는 싫겠지만 인정하고 나면 한결 편해지고 겸손해진다.

조직은 전문성이 떨어짐에도 불구하고 변화적응력이 강하다는 이유로 리더를 선발하는 일은 드물다. 대체로 그 분야의 전문성을 가지고 인정을 받아 온 사람에게 더 큰 업무를 맡기기 마련이다. 다른 말로 스페셜리스트였던 사람에게 이제는 스페셜리스트를 관리하는 제너럴리스트로서의 업무를 맡기는 것이다. 스페셜리스트와 제너럴리스트의 역량은 확연히 다르다. 그동안 스페셜리스트로 살아온 당신에게 갑자기 전문가들을 관리하며, 다른 팀의 사람들과 이해관계를 조정하고, 외부의 협력업체와 온전한 협상을 이끌어내라는 것과 같은 맥락이다.

그것은 당연히 어려운 일이며 지속적인 갈등이 수반되는 일이다. 과거에 겪어보지 못한 일을 있는 그대로 인정하는 것도, 두렵다고 표현하는 것도 잘못된 것은 아니다.

변화 리더십 자체가 어려운 결정이다

리더십은 선택과 의사결정의 연속이라고 할 수 있다. 선택과 의사결정이 왜 리더에게 힘겨움을 안겨주는 것인가? 그것은 다음과 같은 이유 때문이다.

가치관의 충돌

당신과 이해관계자와의 가치관이 다른 경우 결정을 내리기 힘들어진다. 리더로서 가장 큰 갈등의 원인이 되기도 한다. 예를 들면 리더는 효과성에 집중하고자 하지만, 이해관계자는 효율성을 따질지도 모른다. 또한 전문경영인은 단기적인 매출 또는 수익률을 올려야만 자신의 임기가 연장된다는 점을 알고 있기에 당신의 가치와 충돌할 수 있다.

정보의 부족이나 과장된 정보

의사결정을 위해서는 충분한 정보제공이 필요하다. 하지만 받은 정보가 충분하지 못할 경우 의사결정은 매우 어렵다. 얻은 정보가 확실한 정보가 아닐 수도 있으며 단순한 첩보에 불과할 수도 있다. 그리고 확실한 정보이긴 하지만 보고하는 과정에서 부풀려진 정보라면 잘못된 의사결정으로 갈 수도 있다.

가중치를 매기기 어려움

올바른 의사결정을 위해 만든 명목리스트가 올바른 요인인지와 가중치가 적절한지에 대한 타당성이 의사결정을 어렵게 한다. 이러한 문제로 당신은 우선순위를 정하기 힘들다.

올바른 선택으로 인한 파장

조직의 생존을 위해 무가치하다고 판단이 되는 사업부를 접거나, 도저히 함께 하기 힘들다고 판단이 된 사람을 해고할 경우, 조직 구성원들은 걱정과 함께 몸을 도사리게 되고 조직 몰입도가 떨어진다. 리더는 올바른 선택을 한 것이지만 그 파장은 어쩔 수 없다.

실패할 수 있음을 받아들이라

사람들은 실패하는 것을 받아들이기 싫어서 적응적 변화를 이끌려고 하지 않고 물러서기를 좋아한다. 또는 그 기준을 낮추면서 위험을 회피하려 한다. 하지만 기준을 낮추는 것은 도움이 되지 않는다. 변화 리더십은 실험적 태도를 요구하고, 위험을 수반하며, 진짜로 실패할 가능성도 있다. 만약 그렇다면 실패의 이유를 알 수 있거나 상황의 대처방법에 있어 좋은 경험을 얻었다면 공유함으로써 더 나은 선택을 할 수 있다고 받아들이면 그만이다.

인내심의 부족

변화적응 리더십을 발휘하는 과정에서 설득이나 협조요청이 순조롭게 진행이 된다면 좋겠지만, 많은 반대와 갈등 속에서 진이 빠져 안정을 찾고 싶은 욕망이 끓어오를 수 있다. 자신이 주장하는 가치가 정말로 올바른 것이었는지 혼동이 오고, 충성심을 가지고 있던 이해관계자들에게 회의감도 들게 된다. 육체적으로는 고갈되고 그 길의 끝에 성공이라는 이정표가 보이는 것도 아니다. 상황이 이렇게 되면 강력했던 의지도 사그라지고 포기하고 싶은 마음이 점점 올라오게 된다.

적응적 변화를 이끄는 당신에게는 이러한 인내를 실험하는 과정이 반드시 오게 되어 있다. 다만 이 길을 끝까지 걸어가는 사람과 중도에 포기하는 사람만이 존재할 뿐이다. 조바심은 금물이다. 조금만 더 천천히 장기적인 안목을 가지고 대처해 나아가면 된다. 다만 당신의 행동에 대한 결과가 빠르게 또는 뒤늦게 찾아올 뿐이다.

12 장
감정을 관리하라

감성과 감정의 이해

감성의 정의

감정이란 인간이 느끼는 분노, 공포, 기쁨, 질투, 울음, 웃음, 애정 등 어떤 상황에서 유발되는 분화된 표현을 말한다. 감성이란 자신의 감정적 충동을 다스릴 수 있고 상대방의 감정을 읽을 수 있으며 인간관계를 부드럽게 이끌 수 있는 것을 말한다.

진화론적 측면에서 볼 때 인간의 감성은 정보를 처리하는 능력보다 먼저 발달되었으며 두뇌 구조에서도 지능을 관장하는 부위보다 감성을 관리하는 부분이 아래에 위치하고 있다. 이는 감성지능이 낮으면 지능지수도 낮을 확률이 높고 지능지수가 높다고 해도 그 지능을 효과적으로 활용하는 데에는 한계가 있다는 것을 말해준다.

감성의 역할

인간은 물체를 바라볼 때 왼쪽 눈이나 오른쪽 눈을 선택하고 보는 것이 아니다. 마찬가지로 감성과 이성 중 어느 한 가지만으로 어떤 것을 선택하는 것도 아니다. 이성과 감성을 동시에 사용할 때에 자신에게 최선의 선택을 할 수 있다. 하지만 리더의 과도한 감성은 분석력을 떨어뜨릴 수도 있고 모자란 감성은 구성원 간의 맥락을 읽지 못해 조직의 근원적 힘인 시너지를 황폐화시킬 수 있다.

감성은 구성원들의 동기를 부여하고 그들의 가치관이나 열망을 활성화시켜 서로가 원하는 목적 및 미션을 달성하게 해주는 역할을 한다.

자기 인식

감성의 첫 번째 요소인 자기인식은 자신의 감정에 대한 강점, 약점, 필요, 동인에 대한 깊은 이해를 말한다. 따라서 자기인식능력이 높은 사람은 지나치게 비판적이거나 비현실적으로 행동하지 않는다. 자신과 사람들과의 사이에서 자기감정에 솔직하며, 자신의 감정표출이 타인들의 직무성과에 어떻게 작용하는지를 알기 때문에 어떻게 하면 자신을 통제해야 하는지도 안다. 자기인식능력이 높아야 자기조절능력도 높다는 것이다.

자기인식은 자신이 원하거나 주어진 가치와 목표를 이해하는 것이다. 따라서 자기인식능력이 강할수록 자신의 목표치와 가치에 맞는 업무를 하려 하고 자신의 활력을 신장시켜 주는 일을 찾는다. 또한 자기인식이 높을수록 솔직하고 현실적으로 판단하며 자신의 마음을 정확하고 숨김없이 표현하며, 겸손한 유머감각도 가지고 있다. 자신의 역량을 충분히 이해하는 이들은 종종 건설적인 비판도 표출하며 남에게 적시에 도움을 요청할 줄도 안다. 반면, 자기인식능력이 낮으면 외부에서의 발전적인 피드백을 위협이나 실패의 증거로 받아들이기 때문에 긍정적 성과도출을 어렵게 한다.

자기인식은 조직 내 성과를 조율하는 가이드로 사용되기 때문에 감정의 정확한 측정, 감정의 관리, 스스로를 동기부여 하고 관련한 감정의 기술을 개발하고 도출하는 데 도움이 된다.

자기 조절

자기조절은 개인이 내적, 외적으로 일어나는 갈등이나 불일치 상황 속에서 가장 바람직한 모습이 무엇인지 판단하고, 이에 맞추어 자신의 인지, 동기, 정서적 행동을 계획하고 수행하며 평가할 수 있는 능력을 말한다.

인간은 외부로부터의 자극이 올 때에 느끼는 감정을 완전히 제거하기는 곤란하지만 관리할 수는 있다. 이때 자기조절은 자신의 내부와의 대화를 통해 자신을 감정의 노예상태로 전락하는 것을 방지해 준다. 그래서 자기조절능력이 높은 사람은 나쁜 감정이나 충동적 감정이 일어날 때에 조절하는 방법을 찾고 자신에게 유익한 방향으로 돌리려고 노력한다. 예를 들면 타인과의 대화에서 자신이 사용하는 언어를 선별해 사용하고 좋은 성과를 내지 못한 구성원들에게 경솔하게 판단하거나 행동하지 않으며, 자기조절의 실패원인에 대해 숙고한 뒤에 자신의 느낌을 말하고 해결안을 찾으려고 노력한다.

변화적응적 리더는 내부 및 외부의 많은 사람들과 접촉하고 설득해야 하며, 공정한 일처리에 대해 신뢰를 얻어야 한다. 리더가 합리적인 사람으로 인정을 받으면 정치적인 내분은 현저하게 떨어지고 생산성은 향상되며 우수한 인재들이 함께하려고 한다.

자기조절력이 강한 리더는 변화에 맞추어 적절히 역할을 수행할 수 있으며 갑자기 새롭게 변한 정책에 대해 허탈해하지 않고 관련된 정보를 찾아 나선다. 그리고 진취적인 자세로 개인의 가치뿐만 아니라 조직의 강점을 높이려 노력한다.

대니얼 골먼은 "조직에서 발생되는 불미스런 일들은 대부분 충동적인 행동에 기인한다"고 말했다. 따라서 리더의 자기조절력은 개인의 욕구나 욕망의 억제하도록 하며, 조직에서는 요구하는 감정을 수용하도록 유도한다. 따라서 성공적 직무성과를 위해 필수적인 조건이라고 했다.

감정조절이 뛰어난 사람은 차갑게 느껴지기도 하고, 열정이 부족한 사람으로 보이기도 한다. 하지만 그러한 사람들은 극단적인 표현은 하지 않고 스스로의 조절을 통해 필요한 상황에서만 화를 내는 것으로 조사되었다.

자기조절능력이 떨어지는 사람은 자기중심적이고 즉각적인 만족에 영향을 받는다. 따라서 성공적이지 못한 이력을 가지고 있으며 특히 충동의 조절에 취약하다. 또한 스트레스 상황에서 힘없이 무너지고 회사의 정보와 비밀을 지키고 유지하는 데에도 취약함이 나타났으며 직장 내 성희롱에도 자주 연루되었다.

자기조절은 자신의 감정을 억누르거나 부인하는 것이 아니다.
자기조절능력은 자기인식능력에 의해 영향을 받으며 타인의 정서를 고려해 행동하는 능력이기 때문에 자신만의 원칙적인 기준을 가지고 있다. 자기조절능력이 뛰어난 사람은 화를 내야 하는 상황에서는 화를 낸다. 특히 불공정한 일이나 불평등에 대해서 저항도 서슴지 않는다. 반대로 자기조절력이 떨어지는 사람은 외부의 상황에 대해 화를 내거나 순종해버린다. 이것이 만성적인 경우 두뇌회전이 약화시키고 유연한 사회적 상호작용에 방해를 일으킨다. 또한 감정의 억누름이나 부정은 의사소통에 부정적 메시지로 작용이 되고 대인관계에서 거리감을 만들며, 타인에게 무관심으로 인식되기 때문에 감정의 균형 있는 조절은 매우 중요하다. 이러한 면에서 변화적응적 리더에게 필수적인 요인이라는 것을 알아야 한다.

사회적 인식

사회적 인식은 타인의 감정을 명확하게 인식하는 능력으로 감정이입, 조직 인식능력, 고객 서비스정신 등으로 표현할 수 있다. 감정이입은 '공감'이라고 표현하며, 다른 사람들의 감정을 인식하기 위해 자신의 관심사는 접어두고 타인의 주파수에 집중하는 것이다. 공감은 직장에서 성과의 질을 예측하는 의미 있는 요소이고, 공감력이 좋은 리더는 타인과 협조하는 능력도 높다고 증명되었다. 공감은 타인들과 함께 일을 하는 직장에서 필요한 사회적 역량의 대표적 기술이다. 조직의 관점에서 급격한 변화를 수용하고 내부화하며 행동을 끌어내는 질적인 노력의 뿌리가 되기 때문에 매우 중요한 역량이다.

공감 능력이 낮은 사람은 조직의 전후 상황을 인식하기 힘들고, 타인들의 욕구와 감정을 이끌어내는 데 실패하곤 한다.

사회적 인식은 갈등의 상황에서 필수적인 요소다. 공감 능력이 높은 리더는 타인 또는 다른 조직과 이해조정과정에서, 상대방이 가장 중요하게 여기는 점이 무엇인지 잘 찾아내고 상대의 감정을 헤아리며 인정하기 때문에 조직에 필요한 실질적인 양보를 얻어낸다.

사회적 스킬

사회적 스킬은 타인과의 관계를 효과적으로 관리하는 능력으로 대인관계 능력과 닮았다. 그 하부요인으로 영감을 불러일으키는 능력, 타인 개발성, 변화 촉진력, 갈등관리능력, 팀웍과 협력, 설득력 등을 말한다. 사회적 스킬은 감성지능의 정점에 해당되는 것이며 자신의 감정을 이해하고 조절하며 다른 사람의 감정을 인식함과 동시에 공감함으로써 효과적인 관계 관리를 이끄는 기술이다.

변화에 잘 적응하려는 조직의 성공은 조직 전체를 위해 구성원들이 얼마나 효과적으로 업무를 수행하는가에 따라 달라진다. 따라서 그들의 감성과 행동을 인식하고 역량을 극대화할 수 있도록 동기를 부여해주는 것이 관건이다. 동기부여도 사회적 스킬이다.

사회적 스킬이 뛰어난 리더는 타인의 상황을 인식하는 능력도 뛰어나기 때문에 누구에게나 같은 방식으로 대하지 않는다. 구성원의 성향이 성취 지향적이라면 그의 실패한 사례를 들어주고 공감해 줌으로써 낙관적 방향으로 바꿀 수 있도록 지지해 준다. 또한 그의 성향이 순응적인 구성원이라면 그들의 열정포인트가 무엇인지를 파악하고 열정을 자극하며 코칭한다.

특히 조직 내 동료의 감성조절을 도와주는 일도 사회적 스킬의 일부다. 이를 행사하는 리더는 첫째, 자신의 감성적 관점을 유지할 줄 알며, 둘째 감정조절에 벗어난 사람을 진정시키는 노하우를 가지고 있고, 셋째 경청을 통해 구성원의 목표설정과 실행에 도움을 준다.

감성과 리더십

감성의 수준이 높은 구성원들은 불쾌한 상황에서 감정적으로 폭발을 일으키는 것을 삼가고, 고객과 동료들에게 감정적인 손해를 입히는 것을 줄이려 노력한다. 구성원들은 리더의 행동을 보면서 자신의 행동을 조절하려는 특징이 있다. 따라서 감성지능이 높은 리더 아래에 감성지능이 높은 구성원이 나타난다. 감정지능이 높을수록 동료 뿐 아니라 모든 구성원들에게 배려하며 업무에 몰입하게 된다.

유능한 리더가 되기 위해서는 감성을 키워야 효과적인 리더십을 발휘할 수 있다. 감성은 변혁적 리더십과 관계가 있으며 감성이 높은 리더가 변혁적 행동을 보이는 이유는 다음과 같다.

첫째, 자기인식능력을 갖춘 리더는 자신 및 조직의 가치와 목표가 무엇인지 명확하게 알고 미래에 대한 비전을 제시한 후 결단력 있는 행동을 취하기 때문이다.

둘째, 감성관리능력을 갖춘 리더는 감성적인 표현과 비언어적 신호로 구성원들에게 목표와 의미를 전달할 수 있으며 그들을 영적으로 동기화시켜 기대이상의 성과를 얻어낸다.

셋째, 리더의 감성관리와 관계관리 능력은 구성원들에게 긍정적인 감성을 불러 일으켜 감성적 사고와 자기학습능력을 성장시킬 수 있다.

넷째, 리더의 공감능력은 리더가 멘토링이나 코칭 등을 통해 구성원들의 역량을 개발하도록 개별적 배려행동을 보이게 한다.

감성지능 높이기

혼자는 힘들다

대부분의 조직 생활이 그러하듯 업무를 추진할 때 혼자 하는 일보다는 누군가와 함께 해야 하는 일이 많다. 리더도 마찬가지다. 모든 일들은 혼자 처리하는 것이 아니라 상사와 동료 그리고 부하라고 칭하는 구성원들과 함께 일을 한다. 그것은 자신만의 가치나 상상력으로 실행하기보다는 조직의 입장에서 객관적이고 합리적인 방법을 찾기에 적합하기 때문이다. 그런데 혼자서 독단적으로 처리를 하려 하거나 자신만의 감정대로 움직이게 되면 다른 사람들은 고개를 돌리게 된다. 그리고 자신의 역량만을 믿고 혼자 열심히 처리하다가 육체적으로 정신적으로 소진되어 이직하는 사람들도 있다.

단순한 업무라면 간단히 혼자서 처리할 수 있지만, 조직적으로 움직이는 일이나 방대한 문제로 올라갈수록 분업이 중요하다. 중요한 의사결정을 해야 하는 경우에는 누군가에게 조언을 얻고 자문을 받는 것도 필요하다.

상사와 동료를 활용하라

회사의 업무와 역학적 관계를 가장 잘 아는 사람은 상사다. 따라서 조직 내 업무를 추진함에 있어 상사만큼 중요한 사람은 없다. 상사의 스타일을 알면 접근이 쉽고 변화적응에 박차를 가할 수 있다. 업무를 추진하기 위해서는 업무의 연관성과 의미 등을 명확하게 인지하고 상사에게 전달해야 한다. 또한 일처리의 어려움과 고달픔을 자주 전달하는 것도 중요하다. 힘들다고 투덜거리라는 것이 아니다. 그만큼 고민하고 있다는 것을 보여주는 것이 중요하다. 이는 함께 하는 동료도 마찬가지다. 팀 내의 동료일 수도 있고 다른 팀의 동료일 수도 있다. 그 동료가 다른 상사에게 영향력을 가할 수도 있기 때문에 좋은 관계를 유지하는 사람은 많을수록 좋다.

멘토를 모셔라

멘토는 자신의 마음을 가장 잘 헤아려주는 사람이다. 멘토는 조직 내부에 있을 수도 있지만 외부에 있을 수도 있다. 자신이 어려운 일이 있을 때나 좋은 일이 있을 때에 함께 힘들어하고 즐거워해줄 수 있는 사람이다. 그렇기 때문에 멘토는 정신적으로 가치관이나 사상도 비슷한 사람이다. 멘토는 여러 사람으로 구성 가능하며 조직의 내부 및 외부에서도 초청이 가능하다. 멘토는 자주 통화하고 고민을 털어놓고 상담할 수 있는 사람이다. 그리고 진정한 멘토는 의사결정에 관해 친형제처럼 생각해주는 사람이기에 이성적인 판단을 기대하고 코칭을 해주는 코치와는 다르다. 그냥 진심으로 내 편이 되어주는 사람이다. 따라서 리더가 확실한 주관을 가지고 있다면 코치보다 멘토가 필요하다. 그들을 통해 힘을 얻고 동기를 부여받기 때문이다.

컨설턴트나 코치의 도움을 받으라

컨설턴트는 대체로 외부에 존재한다. 그리고 우리의 문제를 외부에 맡겨 해결할 때 의존하는 사람이다. 따라서 그들은 철저하게 이성적이다. 컨설턴트는 감으로 움직이지 않고 사실과 통계치를 가지고 평가하며 논리적으로 견해를 제시하는 사람들이다.

조직의 문제를 해결함에 있어 자신의 지식과 역량을 과시하기 위해 움직이는 것보다 외부의 전문가에 맡겨 이성적이고 합리적으로 처리하고 있다는 것을 알려야 한다. 컨설팅은 많은 자금적 지원이 필요하다. 따라서 컨설팅보다는 코치를 통한 코칭도 좋은 방법이다.

감성지능을 높이는 방법

감성지능을 높이는 것은 변화적응적 리더에게 매우 중요하다. 앞으로 다가오는 문제들에 대해 적극적인 대처가 필요한 변화적응적 문제는 감성지능의 수준과 직접적인 관련이 있기 때문이다.

기술적인 문제는 테크니컬한 문제로 기계나 도구를 가지고 처리하거나 변형을 시키면 되는 경우가 많다. 하지만 변화적응적 문제는 대체로 사람과 연관이 되어 있다. 사람과의 문제는 타인과의 감정과 연관이 깊다. 감정은 나의 감정과 상대의 감정이다. 다음은 감정을 다스리고 감성지능을 높이는 방법이다.

첫째, 자신의 감정 상태를 느껴보라.

감정의 변화가 있을 경우, 그러한 감정이 왜, 어떻게 생기게 되었는지를 생각해본다. 사람은 감정의 변화가 있을 경우 표정이나 몸짓에서 변화를 보이기 마련이다.

자신의 감정의 변화가 나타난다고 생각되면 먼저 거울을 보고 자신의 표정을 관찰해 보라. 그리고 스스로에게 자문해보라. 나의 느낌은 어떠한지 그리고 나의 표정이나 언어적 비언어적 표현 상태는 어떠한지.

둘째, 자신의 행동을 돌이켜보고 바꾸려고 노력하라.

평소 화가 나거나 질투, 미움, 조바심 등이 생길 경우 자신은 어떻게 행동을 했는지 생각해본다. 그리고 그 행동에 대해 타인들의 반응은 어떠했는가? 과연 그것이 가장 바람직한 행동이었는지 반추해보라. 그리고 앞으로 동일한 상황이 발생된다면 어떤 행동을 취할 것인지 미리 생각해보라.

마찬가지로 기쁨, 만족, 보람, 행복 등과 같은 좋은 감정을 어떻게 나타내고 간직해야 할지를 미리 생각해본다. 또한 동화나 소설, 영화를 보면서 등장인물들이 감정을 어떻게 표현하고 자신의 마음을 다스리는가? 만약 이해가 되지 않으면 다른 이들과 같이 토론해본다. 주변인들 중에는 대인관계가 원만하고 소통을 잘하는 사람이 있기 마련이다. 그들은 평소 어떻게 행동하는지 파악해보고, 분위기와 환경에 따라서 행하는 행동을 벤치마킹하는 것도 좋은 방법이다.

셋째, 자신의 감정을 표현해보라.

자신의 감정을 말이나 글, 노래, 또는 그림으로 자주 표현해보는 것도 좋다. 자신이 좋아하는 노래는 자신의 정서를 반영한다. 자신의 애창곡은 어쩌면 자신의 깊은 내면을 나타내는 감정의 표현일 수도 있다. 어떠한 표현이 반복적으로 일어나면 자신의 마음상태에 대해 힌트를 얻을 수 있다. 혹여 그 감정이 긍정적이지 못하다면 다른 분위기로 전환할 수 있도록 노력해보라. 감정을 전환시키기 위해 애창곡을 바꾸는 것도 도움이 된다.

또한 좋은 일을 하는 친구를 보면 칭찬과 격려를 아끼지 말고 표현하며, 어려움에 처한 친구들을 진심으로 위로하고 도와주라. 감정의 표현은 인간이 가진 자율성을 신장시키는 매우 중요한 행동이다.

넷째, 평소 감정을 표현하는 지식과 경험을 쌓으라.

사람과 관련한 서적이나 문화 활동을 권한다. 인문학 서적이면 가장 좋다. 인문학은 사람이 생활하고 생각하는 인간의 무늬를 그린 학문이다. 따라서 인문학은 사람의 마음을 가장 적극적으로 표현한 학문이다. 문학이나 철학, 역사학 등이 그것이며 심리학, 교육학 지리, 문화인류학도 크게 인문학의 범주이다.

한편 직접적 경험은 자신에게 주는 선물이다. 직접적 경험은 취미 활동, 여행, 견학 등을 말한다. 이러한 경험은 인간이 낙천적인 생각을 가질 수 있도록 도와준다. 또한 여러 가지 빛과 소리, 냄새와 맛을 구별하는 힘을 기르고 기억에 남는 풍경이나 사진 등은 정서적인 풍족함을 선사한다.

감정을 관리하는 Assertive(적극적) 대화법

인간의 세 가지 태도

사람들이 누군가와 대화를 나눌 때 그 태도를 보면 크게 세 가지로 구분이 된다. 그것은 공격적인 태도, 순종적인 태도 그리고 적극적(Assertive)인 태도이다.

공격적인 태도는 상대방보다 자신이 재력이나 권력 또는 사회적 위치가 우위에 있다고 생각하는 태도다. 공격적인 태도를 취하는 사람들은 내가 잘난 사람이기에 상대는 무조건 잘못되었다는 인식이 강하다. 따라서 상대방의 말이나 행동의 옳고 그름을 떠나 중요한 것은 자신만이 기준이며 원칙이다. 그들은 항상 자신이 맞고 상대는 그릇되었다는 인식의 태도를 가진다. 이런 사람들의 특징은 자신이 저지른 행동이나 말에 대해 타인에게 전가하는 일이 비일비재하다. 또한 의견과 사실을 구분할 줄 모르며 위협적이거나 멸시하는 말을 자주 사용한다. 또한 단정적인 표현도 잦은 편이다.

한편 순종적인 사람들이 있다. 순종적인 태도를 취하는 사람들은 모든 문제의 잘못이 자신에게 있다고 생각하는 사람들이다. 이들의 행동이나 말들은 대체로 연결형 접속어를 자주 사용하고 자신을 비하하는 말을 사용한다. 또한 한정적 표현과 논리적인 변명이 많은 것을 볼 수 있다. 이러한 태도는 상대가 옳고 나는 잘못되었다는 태도로 겉으로 보기에는 착한 사람처럼 보인다. 그리고 문제 발생의 원인이 자신에게 있다는 착한 성품과 뉘우치려고 하는 태도는 얼핏 보기에 동정심을 유발시킨다.

하지만 공격적인 태도와 순종적인 태도는 대인관계에서 문제가 많은 태도다. 공격적인 태도는 모든 문제의 원인을 상대방에게 돌림으로써 자신은 잘못이 없다는 방식이다. 이는 누구도 반론할 여지가 없을 것이다. 그런데 순종적인 태도는 상대방보다는 자신에게 문제의 원인을 돌려서 자기 탓을 하는 사람들이다. 그래서 이들은 문제가 없는 사람이고 자기반성을 하는 사람으로 인식하기 쉽다. 그러나 심리학적으로 이들도 공격적인 사람들과 거의 대동소이한 사람들이며, 공격적인 사람이라고 할 수 있다. 이유는 순종적 태도의 마지막을 보면 쉽게 알 수 있다. 순종적인 태도를 취하는 사람들의 마지막은 공격적인 사람들과 별반 다름이 없다. 오히려 이들은 공격적인 사람들보다 더욱 공격적인 경우가 많다. 한동안 자신의 감정을 억누르고 있다가 한꺼번에 강하게 방출하는 사람들이기 때문이다.

순종적인 사람들은 처음부터 명확하게 말하거나 자신의 행동을 표현하지 않는다. 그리고 최대한의 인내심을 발휘한다. 또한 자신이 참아온 상황들을 메모하거나 녹음하는 등 증거물들을 모아둔다. 그리고 상대의 대화방식이 자신에게 모멸감을 주었다거나 실수를 유도한 후에 자신도 어쩔 수 없는 저항이었다는 마음을 담아 공격의 태도를 취한다.

순종적인 사람들의 공격성은 처음부터 공격적인 태도를 취한 사람들과 차이가 있다.

공격적인 사람들의 공격성은 말이 거칠거나 행동이 상대방에게 모멸감을 주는 편으로 다분히 감정적이다. 하지만 순종적인 사람들이 마지막에 취한 공격성은 그들의 감정을 표현하는 것은 같지만 강한 이성적 판단이 내재된 공격성이다.

예를 들면 상점에서 물건을 사고 애프터 서비스를 거부당한 사람이 조용히 물러난 줄 알았는데, 차후에 2차적인 공격을 가하는 경우가 내재된 공격성을 말해준다. 아파트의 층간 소음문제로 처음에는 참다가 결국 살인사건으로 이어지는 것도 같은 맥락이다.

마지막 세 번째는 적극적(Assertive)인 사람들이다. 이들은 공격적인 사람도 아니고 순종적인 사람도 아니다. 그들은 사실과 의견을 구분할 줄 알며 약간 깍쟁이처럼 행동한다. 다분히 개인주의적인 성향이 강하고 자신의 할 말을 똑 부러지게 말하는 사람들이다. 전통적인 사고방식을 가진 사람들의 입장에서 보면 건방져 보이기도 한다.

하지만 이들이 가진 태도는 가장 이상적인 태도라고 할 수 있다. 당장은 예의가 없고 너무 자유분방한 모습으로 보이지만 장기적으로 볼 때는 가장 무탈하기 때문이다.

Assertive라는 말은 명확하게 설명하기 곤란한 말이다. 상대에게 공격적이지 않은 예의를 가지고 자신의 권리를 방어하며 생각이나 느낌, 신념을 표현하는 능력이다. 따라서 이들의 표현은 적극적이며 분명하지만 상대를 무시하거나 감정을 상하게 만들지는 않는다. 다만 한국적인 문화를 배경으로 한다면 약간은 무례해 보이는 것도 사실이다.

Assertive 스킬

Assertive한 태도의 구성요소

Assertive는 다음의 세 가지 기본적인 요소로 구성되어 있다.

첫째, 자신의 감정을 표현하는 것이다. 그들은 화가 난 감정, 온화한 느낌, 상대에 대한 이성적인 호감의 느낌을 적극적으로 표현하거나 수용한다.

둘째, 그들은 신념과 생각을 개방적으로 표현한다. 비록 감정적으로 그렇게 말하기 힘든 상황이거나 그 표현으로 인해 잃는 것이 생길 수도 있다. 하지만 Assertive한 사람은 자신의 견해를 명확하게 말하거나, 확실하게 거부하기도 한다.

셋째, 그들은 개인적인 권리를 옹호한다. 이를 위해 그들은 남들이 자신을 괴롭히도록 내버려 두지 않으며, 자신을 지나치게 통제하거나 부끄러워하지 않고, 공격적이거나 욕하지도 않으며 때로는 직설적으로 자신의 감정을 표현한다.

Assertive하게 감정을 표현하는 방법

Assertive하게 감정을 표현하는 방법은 I-Message 화법과 DESC 화법이 있다.

I-Message 화법은 나 전달법이라고 하는데, 상대방의 말이나 행동에 대해 다음의 3단계로 표현하는 것이다.

① 문제가 되는 상대방의 행동이나 상황을 사실적으로 묘사한다.
② 상대의 행동이 나에게 미친 영향을 구체적으로 말한다.
③ 그로 인해 생긴 감정을 솔직히 표현한다.

예를 들어 자꾸 지각을 하는 후배에게 이렇게 말할 수 있다.
① 나는 당신이 이번 달 들어 벌써 세 번째 지각을 한 걸로 알고 있다.
② 지각을 할 때마다 상사가 당신이 어디에 있느냐고 물으면 참 곤란해진다.
③ 나는 사실대로 말해야 할지, 당신을 위해 거짓말을 해야 할지 모르겠다.

두 번째로는 DESC 화법이다.
DESC 화법은 묘사하기(Describe), 표현하기(Express), 제안하기(Suggest), 결과 말하기(Consequence)의 단계를 거쳐 표현하는 방법이다.
예를 들면 문제가 되는 상대방의 상황이나 행동을 묘사하고, 그로 인한 자신의 감정을 표현한다. 그 후 자신의 입장을 제안하면서 그로 인해 따라오는 결과물을 솔직히 표현하는 것이다. 예를 들어 아주 바쁜 주말 오후에 외출을 하자고 말하는 아이들에게 이렇게 말하는 것이다.

① 지금 당장 외출을 하자는 이야기구나.
② 그런데 어쩌지? 지금은 매우 바빠서 움직일 수가 없네.
③ 차라리 다음 주말에 일찍 외출하는 것은 어떠니?
④ 그러면 지금보다 더욱 많은 시간을 같이 보낼 수 있어서 더욱 좋을 것 같아.

이 두 가지 Assertive하게 말하는 방법은 상대방에게 공격적이지도 순종적이지도 않으면서 자신의 마음을 솔직하게 표현하는 방법이다. Assertive한 대화는 자신의 감정을 통제하면서 할 말을 명확하게 말하는 방법이기에 타인의 감정을 상하게 만들지도 않고 합리적이면서 문제를 해결해 나아가는 소통법이다. 변화적응적인 리더들은 반드시 익혀야 할 대화방식이다.

참고문헌

《뉴 리더십 와이드》 김진혁 외 저, 학지사, 2013
《성공하는 사람들의 7가지 습관》 스티븐 코비 저, 김영사, 1994
《세계는 평평하다》 토머스 프리드먼 저, 창해, 2006
《어댑티브 리더십》 로널드 하이페츠 외 저, 슬로워크, 2017
《위대한 기업은 다 어디로 갔을까》, 짐 콜린스 저, 김영사, 2007
《트랜드 코리아 2018》 김난도 저, 시대의창, 2017
《팀 활성화 전략과 팀장 리더십》 김진혁 저, 한언, 2014
〈평생교육 리더십 프로그램 개발의 리더십 파이프라인〉 김진혁, 평생교육·HRD 연구 8(1), 1-19.
《360도 리더》 존 맥스웰 저, 넥서스비즈, 2007

Bass, B. M., & Avolio, B. J. (1990). Developing transformational leadership: 1992 and beyond. Journal of European Industrial Training, 14, 21-27.
Goleman, D. (2000). Emotional Intelligence: Why it can matter more than IQ. New York: Bantam.
Manz, C. C., & Sims, H. P. Jr. (1991). Superleadership: Beyond the myth of heroic leadership. Organizational Dynamics, 19, 18-35.
Oxford Univ. (2007). The Science of Emotional Intelligence. Oxford Univ.
Yukl, G. (2010). Leadership in Organizations(7th ed.). Upper Saddle River, NJ:Prentice-Hall.